我爱你，中国

国家宝藏

《少儿国学》编辑部 ◎ 编

浙江少年儿童出版社·杭州

图书在版编目(CIP)数据

国家宝藏 /《少儿国学》编辑部编. — 杭州：浙江少年儿童出版社，2023.5
（我爱你，中国）
ISBN 978-7-5597-1507-4

Ⅰ. ①国… Ⅱ. ①少… Ⅲ. ①历史文物—中国—少儿读物 Ⅳ. ①K87-49

中国版本图书馆 CIP 数据核字 (2022) 第 187049 号

我爱你，中国

国家宝藏

GUOJIA BAOZANG

《少儿国学》编辑部　编

丛书策划　　李娇龙
责任编辑　　尹摇芳　　陈小霞
美术编辑　　赵　琳
封面设计　　辰辰星
责任校对　　马艾琳
责任印制　　王　振

浙江少年儿童出版社出版发行
杭州天目山路 40 号
浙江新华印刷技术有限公司印刷
全国各地新华书店经销
开本 710mm×1000mm　1/16
印张 7.25　字数 84100
印数 1—8000
2023 年 5 月第 1 版
2023 年 5 月第 1 次印刷
ISBN 978-7-5597-1507-4
定价：30.00 元
（如有印装质量问题，影响阅读，请与承印厂联系调换）
承印厂联系电话：0571-85164359

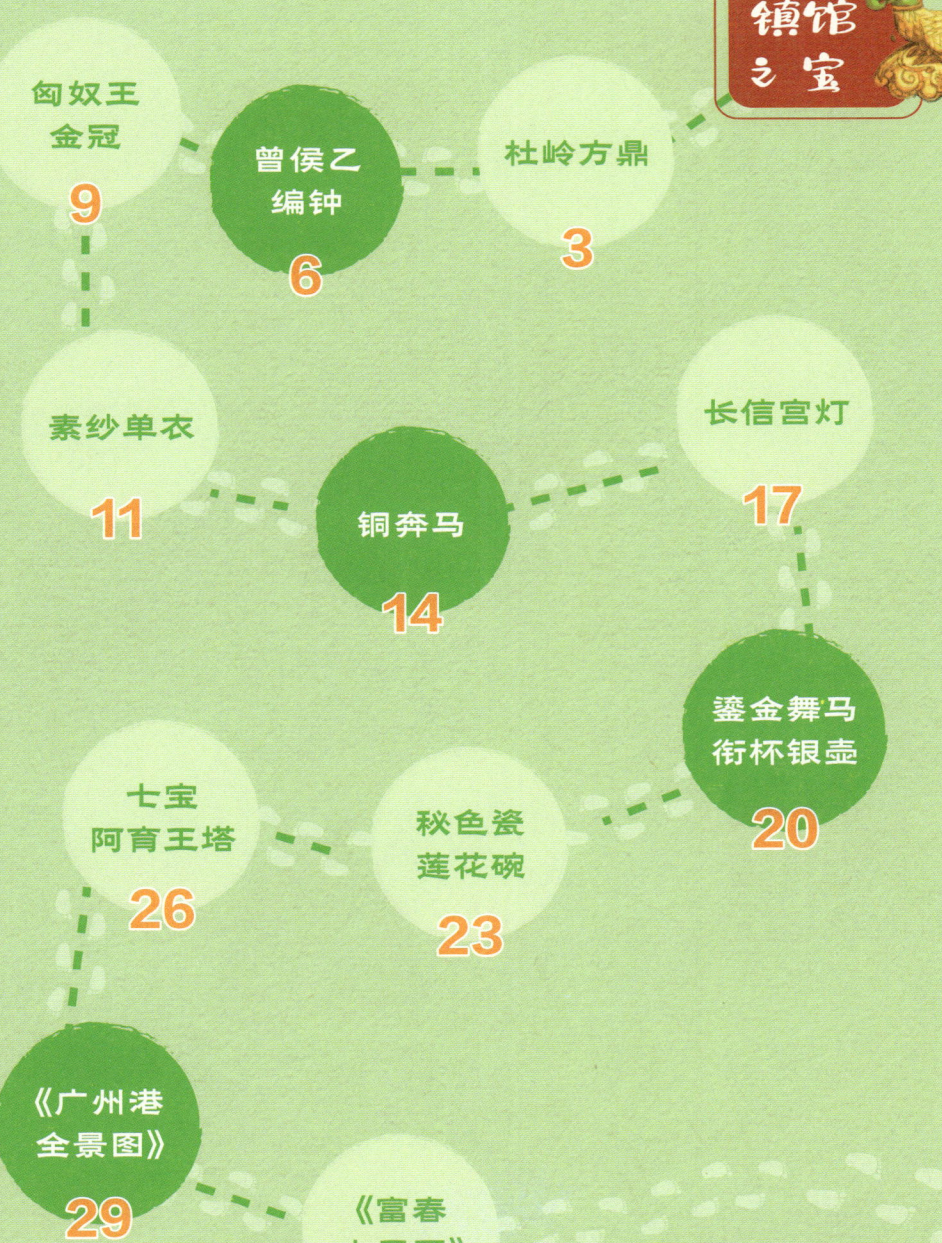

海外遗珍

- 至正型青花龙纹大瓶 **37**
- 宏善寺铜钟 **39**
- 成化斗彩鸡缸杯 **41**
- 《南诏中兴画卷》 **43**
- 楚国帛书 **45**
- 虎食人卣 **47**

"器"宇轩昂

- 何 尊 **53**
- 玄鸟的真面目 **56**
- 鹳鱼石斧图彩绘陶缸 **58**
- 玉中神兽 **61**
- 虎座飞鸟 **64**
- 最美的衣服 **66**

粉彩
荷花吸杯
69

藏在泥土
里的人
71

商玉凤佩
74

狮纹
金花银盘
76

冯素弗
鸭形注
79

玻璃
高足杯
83

张雄墓俑
81

聆听远古的
回响
92

会唱歌的
石头
90

穿越时空
的鼓声
87

余"音"绕梁

最早的
拨浪鼓
94

华夏先民
的清音
97

从兵器到
乐器
99

- 拉开宫廷雅乐的序幕 **101**
- 辉煌的音乐文化 **103**
- 以声传情,以歌养心 **105**
- 悠扬的民族旋律 **107**

镇馆之宝

杜岭方鼎
——大象中原的王者风范

　　河南这片土地自古以来便是中原地区，在沧海桑田中见证了许多王朝的兴衰更迭，很多都城曾经在这里建立、兴盛，最后被掩埋于尘土之中。中国的八大古都，河南占了四个，以至有人说："一部河南史，半部中国史。"先人们在这里创造了丰富的早期中原文化，使其成为华夏文明重要的发源地之一。关于河南的简称"豫"有很多不同的传说：有人认为，古时候河南地区有着野生大象的生活痕迹，这个"豫"便是人和大象的意思；有人认为，上古之神伏羲在这里观察天象，创立了八卦，"豫"便是"我在这里观天象"的意思。河南因为历史悠久，留存着很多文物，杜岭方鼎作为九大镇馆之宝中的一员，和许多珍贵的文物一起被存放在河南博物院，宁静地述说着过往岁月里的风云变幻、万象变迁。

　　这件青铜方鼎因为出土在一个叫作杜岭的地方而得名。最初，鼎是古代先民们用来烹煮食物的工具，后来渐渐变成了国家政权的象征。传说夏王大禹铸造了九个大鼎来代表王权，给今天的我们留下了"一言九鼎"这个成语。

　　我们一起来从上到下认识这件杜岭方鼎吧：最上面左右两边各有一个拱形的耳朵，身体是个长方体，腹部看上去比一般的鼎要深一些；周围一圈装饰着花纹，既有完整的兽面纹，也有连续的乳钉纹；支撑整个身体的是四条粗壮的腿，仔细观察就会发现，这四条

腿上粗下细，上面也装饰了兽面纹。虽然已经过去了三千多年，但杜岭方鼎浑厚庄重的外形依然打动着今天的人们。

杜岭方鼎是人们在20世纪70年代开挖隧道的时候发现的。挖到方鼎一角的时候，人们还以为挖到了多年前战争时留下来的炮弹呢，后来才知道是虚惊一场。人们为了把杜岭方鼎带出地道，便从地道向地面挖通道，最后居然挖到了一户人家的大衣柜下面。杜岭方鼎的重见天日有着很重要的意义，因为有人认为杜岭方鼎象征着国家权力，杜岭所属的郑州很有可能就是商朝早期的都城之一。但也有人有不同的观点。不管怎样，可以肯定的是，发现杜岭方鼎的河南郑州商城遗址是商代早期一座重要的城邑。

1997年，中原石刻艺术馆与河南省博物馆合并，成为河南博物院。如果从1927年河南博物馆的成立算起，到如今，河南博物院已经走过了90多年的风雨历程。现在的河南博物院的主体建筑以我国现存最早的观星台为原型，像一座戴冠的金字塔。外部的墙是黄色的，象征着孕育了华夏文明的"黄土"和"黄河"，而主馆外部的浅蓝色透明窗户和透明采光带，如同李白的诗句"黄河之水天上来"那样大气磅礴。河南博物院的基本陈列有"泱泱华夏，择中建都"，展示上至史前时代，下至宋金元的河南历史文物。除此之外，还有三大主题陈列："明清河南""巧工遗珍——院藏明清珍宝展""丹淅吉金——中原楚国青铜艺术"以及"出彩中原——河南红色文化陈列"。河南博物院馆藏文物17万余件，其中不乏被称作国之重器的藏品。2020年，河南博物院主展馆完成了为期五年的封闭修缮升级，重新对外开放，以全新的面貌迎接众多慕名而来一睹中原文化风采的观众。

鼎

鼎原本是古代一种烹煮食物用的器具，也常被用来祭祀，因此逐渐演变成了权力的象征，后来还出现了通过鼎的数量区分地位高低的制度，如天子九鼎、诸侯七鼎等。

和鼎有关的成语

一言九鼎——形容说话极有分量。

人声鼎沸——形容人声嘈杂，像鼎中的水沸腾了一样。

鼎力相互——大力支持帮助，用于请别人帮助自己。

鼎鼎有名——形容名气很大。

曾侯乙编钟
——荆楚大地的礼乐之音

　　传说很久以前，在现在湖北省靠近长江和汉水一带，来了一群北方人。他们在这里打了好久的仗，最后，一个自称是火神祝融后裔的部落赢了，在这里定居下来，并和当地居民融合，形成了一个新的民族，称为楚人。他们在这里建立了一个国家，这个国家后来国力强盛，成为春秋战国时期的霸主之一。诗人屈原就来自这里。楚国人民除了像屈原那样有着浪漫的情怀，还有极高的音乐艺术造诣，能造出非常精美的乐器。1977年，湖北省随州市擂鼓墩的驻军在扩建厂房，需要用炸药平整土地，谁知道这一炸竟炸出了一座战国古墓。墓中出土了大量乐器，其中一套青铜编钟，因数量众多并且形制完整，吸引了当时考古学家们的目光。

编钟是做什么用的呢？编钟是一种大型打击乐器，由很多个大小不同、按照一定顺序悬挂在钟架上的铜钟组成。这些钟就像钢琴上的键一样，人们通过敲击这些钟来演奏悦耳动听的乐曲。这套在随州出土的编钟由65件钟组成，悬挂在三层钟架

上。编钟制作非常精美，就连支撑中、下层钟架的柱子，都做成了六个精美的佩剑青铜武士的样子。每件钟上除了雕刻着精细的花纹，还有很多设计精妙之处。根据专家们研究，钟的正鼓面和侧鼓面能敲击出两个不同的音。其中一件位于下层的钟很特别，它不仅体形硕大，钟上装饰的花纹也更加繁复，钟上还有一段特殊的铭文。铭文表示，这是楚惠王送的殉葬品，看来这位墓主人和楚王的关系不一般呢。

这套编钟属于谁呢？答案还是要从编钟上的铭文中找。这些钟上都刻有"曾侯乙作持"五个字，意思是制作者和享有者是曾侯乙，表明这位墓主人便是曾国一位叫"乙"的国君，于是人们将这套编钟命名为"曾侯乙编钟"。这个曾国，说起来可不简单呢。曾国是周代众多姬姓诸侯国之一，他们从中原来到今天的湖北一带，和楚国做起了邻居。可是当楚国渐渐强大后，为了开拓疆土，把"邻居们"一个个消灭了，只有曾国存留了下来。人们猜测这可能是曾国和楚国结成了盟友的缘故。你看，曾侯乙去世了，楚惠王还送来这么一套精美的编钟给他作为陪葬品呢。

　　这套编钟被收藏在湖北省博物馆内。除了曾侯乙编钟，湖北省博物馆还有着近千件国家一级文物，越王勾践使用过的佩剑也被收藏在这里呢。有人说，强盛后的楚国灭了越国后，便把这把佩剑带回了楚国。现在馆内有"郧（yún）县人""曾侯乙"等十个常设展览，观众们通过这些展览，可以了解湖北这个地方，是如何从一百万年前的远古社会，一步步发展成为在近代历史中叱咤风云的重要地区的。

　　来到湖北省博物馆，不仅可以感受一次历史文化之旅，还能放松身心。湖北省博物馆坐落在风景秀丽的东湖之滨，高明的建筑设计师们用浅灰色的花岗石装饰博物馆建筑外墙，还在屋面上铺装了深蓝灰色的琉璃瓦，再配合着室外园林景观环境，让人们在这些高台建筑、多层宽屋檐、大坡式屋顶营造出来的浓郁楚风中了解荆楚历史。

匈奴王金冠
——茫茫草原的马背之王

"天苍苍，野茫茫，风吹草低见牛羊"，这是南北朝时期的一首民歌，描述了我国内蒙古苍茫大草原的景象。由于这里大部分地区寒暑变化剧烈，水资源稀缺，生活在草原的人们过着游牧生活。无论冬夏，每隔一段时间他们便会迁徙到草原的另一片地方居住，这样恶劣的环境也造就了他们英勇顽强的性格。秦朝末年，一个被称为"匈奴"的游牧民族开始变得强大并称雄中原以北地区。其实早在公元前三世纪的战国时期，他们便建立了匈奴王朝。匈奴擅长征战，他们的骑兵是当时世界上最强大的军事力量之一，被中原国家视为心腹大患。一顶战国时期的精美匈奴王金冠，便向我们展示了匈奴王朝曾经的辉煌。

这顶金冠由纯金的冠顶和冠额圈两部分组成，金匠们在金冠上雕饰了各类动物，这些动物都是草原上常见的形象。冠顶的造型是一只雄鹰站立在一个半球状

体上，雄鹰的头和颈用绿松石打造，巧妙的是，这只雄鹰的尾巴还能活动。金匠还在半球体上刻了狼和羊咬斗的花纹，仔细看这冠顶造型，仿佛雄鹰正在俯视下方草原上狼羊争斗的场景。冠额圈则由三条金带组成，上面分别雕刻着卧虎、卧羊和卧马。英勇善战的匈奴人崇拜矫健的雄鹰和强壮的猛虎，金冠上雕刻的这些纹饰，更是权力和地位的象征。学者们推测，这金冠的主人可能是一位匈奴贵族或者首领。

金冠于1972年出土于内蒙古鄂尔多斯杭锦旗的匈奴墓地。这片墓地的发现是个偶然，当年一个生活在当地的老人在此处墓地附近挖"土龙骨"——人们认为"土龙骨"是能够止血安神的中药，其实它是古代生物的化石——老人挖着挖着，便挖出了一些古代的金银器物。老人和他的亲戚把这些金银器物卖给了银行，银行为了提高金子纯度，还把这些文物上镶嵌的宝石砸下来，对这些出土文物造成了很大的破坏。直到后来文化局得知消息，才追回了这些文物。经过调查研究，考古学家们发掘了这片匈奴墓地。

这件目前国内发现的唯一一件匈奴王金冠被收藏在内蒙古博物院。内蒙古博物院的前身是建于1957年的内蒙古博物馆，其楼顶那匹凌空奔驰的白色骏马，是很多老一辈人心目中城市文化的象征。随着博物馆的发展，新的内蒙古博物院已经在2007年建成。目前的博物院共有"远古世界""文明曙光""边关岁月"等六个基本陈列，介绍了草原文化的形成和从古到今的发展。除此之外还有五个专题展览，从草原的民族风情、自然奇观等方面向观众们呈现草原的精彩。看到这些基本陈列和专题展览的内容，细心的你会发现它们都与草原相关，内蒙古博物院正是以"草原文化"为主题，通过这些展览陈列来向观众们展现诞生在内蒙古这片土地上的辉煌草原文明的。

素纱单衣
——洞庭潇湘的大汉之国

"潇湘"这一词似乎已是一种美的象征。比如一首古琴曲《潇湘水云》让人们仿佛置身于水光云影中,胸中飘荡着一股囊括天地山川的情怀;又比如《红楼梦》中的潇湘馆,带着一股江南水乡的情调,诉说着里面美丽主人公的清高与孤傲。其实除了美,"潇湘"在唐代还泛指现在的湖南省,人们猜测这可能是因为在湖南境内的洞庭湖水系中,湘水为最大河流,而潇水则是湘水最大的支流。湖南省自古人杰地灵,远在旧石器时代就有人在此定居生活,创造了当地历史悠久的文化。在先秦、两汉时期,湖南和湖北一样受到楚文明的影响,手工制造业非常发达,其中丝织刺绣工艺成为楚文明鼎盛时期的标志之一。一件名为"素纱单衣"的汉代衣服,让我们见识了当时精湛的丝织工艺。这件衣服质地轻薄,重量只有49克,和一个鸡蛋差不多重,是世界上现存年代最早、保存最完整、制作工艺最精湛、质地最轻薄的衣服。

"纱"是我国古代丝绸的一种,由于非常轻,古人用"薄如空""举之若无"来形容它。说起这种纱的薄,还流传着一个有趣的小故事呢,故事发生在唐代的一次中外交流会面上:一位来自阿拉伯的商人非常惊奇地发现,自己能透过一位唐朝官员的双层衣服,看到他身上的黑痣。官员得知后哈哈大笑,拉开衣服给商人看个究竟,谁知道这一看,商人更加震惊,原来这衣服不是双层,而是五层!

1972年,两件素纱衣被发现于长沙马王堆一号汉墓,墓主人正是长沙国丞相的夫人辛追。根据考证,它的年代比故事里的唐代早约800年,可见我们的老祖先早在汉代就已经掌握了高超的织造工艺技术。

素纱衣的衣襟是左边掩向右边,款式非常像当时汉代流行的深衣。而素纱衣这么薄,这位辛追夫人也如同故事里的唐朝官员那样穿了好几件吗?而且如果仔细观察的话,会发现这件衣服正应了它的名字"素纱单衣",真的是一点颜色都没有。堂堂一个丞相夫人,穿这种没有颜色的衣服,多难看呀!因此,有人猜测,爱美并且具有时尚感的辛追夫人是把素纱衣罩在衣袍外面的,这样不仅可以将衣袍上的精美华丽花纹隐隐约约显露出来,在尊贵中增添一份朦胧的美感,更能用轻柔又飘逸的素纱衣衬托出她柔美的身姿和飘然若仙的气质。

可惜的是,在20世纪80年代,湖南省博物院遭遇过一次盗窃,两件素纱衣中的一件被毁了，只剩下一件被收藏在湖南省博物馆中。

　　湖南省博物馆汇聚了众多展示着湖南悠久的历史和农耕文明成就、代表着湘楚文化艺术和多元民族民俗风情的馆藏，其建筑设计也新颖独特。它的设计以"鼎盛洞庭"为创意源泉，通过鼎的意象、气势和精神文化内涵，结合洞庭水的凝固与升华，象征着洞庭文化的复兴与当代中华文脉的繁荣昌盛。

铜奔马
——陇原大地的牧野之歌

在交通不发达的古代，马不仅是一种非常重要的交通工具，还是战争中必不可少的装备。一支骑兵队伍，重要性堪比现代战争中的坦克部队呢。被称作陇原的甘肃，水草肥美，在历史上便是游牧民族居住的地区。甘肃武威市，古时候隶属凉州，由于自然环境得天独厚，又位于联通中西文化的河西走廊上，自古以来就是良马的繁殖和交易之地，这里的骑兵有"凉州大马，横行天下"之称。1969年，武威市发现了一座东汉时期张姓大将军和其妻子的合葬墓。这位将军生前位高权重，死后的陪葬品也异常丰富，除了大量珍贵的金银玉石，还有造型精美、威武壮观的车马仪仗队。在铜车马仪仗队里，一匹气宇轩昂的领头骏马吸引了人们的目光。

这匹骏马在疾速飞驰，它三蹄腾空，而剩下的一只马蹄则踩在一只回首观望的飞鸟背上，足下的飞鸟似乎有些发蒙，不知是什么东西踩在自己背上。飞鸟的神态以及骏马的身姿让我们感受到马奔驰的速度和神采，而这匹马也凭借着那昂首嘶鸣、矫健俊美、壮实而修长的造型以及马踏飞鸟的构思，被认为代表了东汉雕塑的最高艺术成就。它出土后在美、英、法等十多个国家展出，成为东西方文化交往的使者和象征。在1983年，它被确定为中国旅游的标志。

这匹铜马脚下踩踏的飞鸟是什么鸟呢？很长一段时间里，人们称这尊青铜器为"马踏飞燕"，认为这马蹄下踩的就是燕子。可是，

如果你仔细观察就会发现，普通家燕的尾巴像一把小剪刀，和文物上那楔形的鸟尾不符合。此外，根据人们的研究，家燕的速度比一般家马还慢，更别说和这一匹神骏相比了。于是有人根据名字，把目光瞄向了雨燕，雨燕虽然不算真正的燕子，但是名字和"燕"相关，并且速度在鸟类中名列前茅。还有人认为那只飞鸟根本不是燕，而是常见的隼（sǔn）。隼凶猛而迅捷，很符合汉代人尊崇野生动物的心理。还有人认为这是一种存在于神话传说中的"龙雀"，似乎只有神鸟才能配上这匹天马。人们众说纷纭，它到底是什么鸟，还有待进一步研究。

　　铜奔马虽然是甘肃省博物馆的镇馆之宝，可是由于年代久远，真品已经脆弱不堪，现在我们在博物馆只能看到复制品。不过，甘肃省还有一大批精美珍贵、历史悠久的藏品，吸引着一批又一批游

客前来参观。甘肃省博物馆坐落在黄河之滨的兰州,得益于陇原大地上独特的自然地理环境,馆内藏有一批古生物化石,让人们得以了解地球上的生命进化历程;甘肃还是彩陶文明的发祥之地,一件件色彩绚丽、历史内涵丰富的彩陶向人们展现出最初的中华文明。此外,位于丝绸之路上的甘肃省博物馆,还通过众多璀璨瑰丽的艺术珍品,给观众呈现出了驼铃阵阵、羌笛悠悠中那段东西方文化交融碰撞的历史。馆中还有关于甘肃的佛教艺术、红色年代里的甘肃革命史等的展览,为大家展现出独具当地特色的陇原文化。

铜奔马是什么马?

　　这座铜奔马身上的谜团可不少呢。除了它脚下鸟的身份之外,人们对于这匹马的原型也有很多猜测。有人从它高大威武的身姿推测它是汉武帝从西北引进的"天马",也就是后来人们所说的"汗血宝马";有人说它是传说中的神马"天驷";有人从它脚踏飞燕的造型,联想到了以敏捷著称的"紫燕骝",恰好它的名字中也有一个"燕"字;还有人说它是唐太宗"六骏"之一的"特勒骠",原因是它们奔跑的姿势相似,都是同侧的前后腿同时凌空。你认为它的原型是什么呢?

长信宫灯
——华北平原的通衢之地

华北平原是中国第二大平原。西汉时期，华北平原经济发展迅速，凭借发达的交通和平坦的地势，成为西汉最主要的农业生产区。华北平原曾一度承载了全国一半人口，那时的繁华可见一斑。华北平原中的河北省，东临渤海，西靠太行，沟通着南北地区，可算是通衢（qú）之地，直到如今，这里的货物周转量也在全国名列前茅，如此富庶的土地，造就了这里珍贵且丰富的历史文化资源。1968年，解放军在河北满城县执行一项秘密国防施工任务时，无意中发现了一个奇怪的山洞，在这个山洞里，静卧着震动考古界的满城汉墓。汉墓的主人正是汉武帝同父异母的弟弟，中山靖王刘胜及其王后窦（dòu）绾（wǎn）。考古学家随后在清理窦绾墓时发现地上散落着一些零部件，文物修复专家们对这些零部件进行整理修复后，一盏后来被誉为"中华第一灯"的宫灯便现出了原貌。

这盏灯的外形是一个安静跪坐着的宫女,她低眉敛目并恭敬地双手执灯,一手托着灯盘,另一只手拎着灯罩上端,长袖自然下垂,巧妙地形成灯的顶部。考古学家还在这件灯具上发现了铭文,上面标注着这盏灯的重量、容量、铸造时间和灯的主人,因为其中有"长信"字样的铭文——"长信"是汉武帝的祖母窦太后所居住的宫殿名称——所以这盏灯被人们称为"长信宫灯"。由于年代久远,灯具上带着斑驳的时间痕迹,但这也无法掩盖它曾被金泥涂满全身的尊贵风范。我们可以想象这盏灯被点亮的时候是如何灿烂夺目,而整个殿内又是何等金碧辉煌。

这件灯具的出土,让人们窥(kuī)探到两千多年前皇室贵族生活的一角,而后人们津津乐道的除了这盏灯的历史价值和艺术价值,还有它的构造工艺。这盏宫灯可以分成几个可拆卸的部分,其中宫女手中的灯罩可以转动,人们可通过控制灯罩开口的大小调节光线的强弱。长信宫灯还有一个巧妙之处——它是一盏古代的节能环保灯。宫女拎着灯罩的右手如同一根管道,使得灯与铜像身体内部相连,灯燃烧时产生的烟便能顺着这根"管道"进入宫女体内,以此达到减少烟雾排放、保持室内清洁的目的。宫女的内部是空的,非常方便清理。古人的智慧真是不可小瞧呢，当年美国国务卿基辛格看到这盏灯后都赞不绝口："中国早在两千多年前的汉代就已经有了环保意识，了不起。"

　　长信宫灯现在是河北博物院的镇馆之宝。除了长信宫灯，一同在满城汉墓出土的刘胜金缕衣、错金博山炉，都在馆内展厅中通过"大汉绝唱——满城汉墓"这个展览向人们展示西汉王侯的奢华岁月。不要以为讲述西汉贵族的豪门生活便是这座博物馆的全部了，作为华北平原上文化博大精深、英雄辈出的地区，河北还被称作燕赵大地，"荆轲刺秦""完璧归赵"等故事就发生在这里，常设展览"慷慨悲歌——燕赵故事"展现的就是战国时期燕赵两国可歌可泣的故事。河北还有着悠久的瓷器历史，作为重要的瓷器产地，定窑、磁州窑出产的瓷器流通全国，观众们可以在"名瓷名窑"展厅中寻到这些瓷器的身影。除此之外，"石器时代的河北""战国雄风——古中山国""抗日烽火——英雄河北"等七个常设展览，也都在洁净、舒适的展厅中，向人们展示河北那厚重的历史文化底蕴。

鎏金舞马衔杯银壶
——来自渭河平原的盛唐之风

渭河是九曲连环的黄河最大的支流，流经陕西时，由于地理地势原因，在今天的西安、宝鸡、咸阳等地冲积成一片物产丰富、水土肥美的平原。战国时期，渭河平原便是秦国故地，号称"八百里秦川"。在随后的岁月中，经过数代人经营，这里更是成为帝王眼中的风水宝地。公元618年，李渊夺取政权，随即在此定都，建立了大唐王朝。唐玄宗李隆基即位后，唐朝出现了经济繁荣、万邦来朝的盛世局面。当时，周围的突厥、契丹等北方游牧民族和高丽、新罗、百济、倭国等国，都纷纷来到中国学习唐朝文化，而此时的唐朝除了接纳海内外各民族来使外，还虚心学习这些民族优秀的文化。一件出土于西安

南郊何家村的鎏金舞马衔杯银壶便是盛唐时期民族文化交流的证明。

　　这件舞马衔杯银壶采用中国北方游牧民族皮囊的造型，壶身为扁圆形，一端开有竖筒状的小口，上面有一枚覆莲瓣式的壶盖，壶盖上缀着一条银链，和壶顶弓形的壶柄相连，这样的造型除了便于日常提拿外，还非常适合游牧民族外出骑猎时使用。这银壶最引人注目的地方，是工匠们在壶的两面各捶打出了一匹如浮雕般的骏马。马后腿弯曲蹲坐在地上，两条前腿直立支撑整个身体，马尾高扬，脖颈上的彩带往后飘舞，这个姿态像不像马儿在急刹车？那这马儿在做什么呢？大家仔细观察，会发现马儿嘴里衔着一只酒杯。据专家们推测，这马可是大有来头——它们是舞马。

　　根据《旧唐书》记载，李隆基喜爱音乐。他举办宴会时，最精彩的节目便是一群舞马伴着乐曲翩翩起舞。受皇帝的影响，很多描写舞马的诗篇也广为流传，唐代诗人张说（yuè）为了庆祝唐玄宗的生日，作了一首《舞马千秋万岁乐府词》，其中的两句"更有衔杯终宴曲，垂头掉尾醉如泥"，恰似在描写这件鎏金银壶上骏马的姿态。我们仿佛可以想象到马儿在曲终后停下舞动的身躯，坐立在人前，举杯向人行礼。据说这些会跳舞的马深受唐玄宗的喜爱，皇帝还让人用绣花的绸缎、金银络（luò）头和珠玉来装饰它们。宴会上，国外的使臣被恢宏的舞马表演惊得目瞪口呆，慑服于华美庄严的乐声以及大唐的赫赫国威。

　　这件舞马衔杯银壶被收藏在陕西历史博物馆，是国宝级文物，更是国家禁止出国展出的文物之一。由于陕西历史博物馆汇聚了陕西十多个王朝遗留下来的文化精粹，价值堪比舞马衔杯银壶的文物还有很多，所以这里还被人们誉为"古都明珠，华夏宝库"。这座博物馆于1991年建成开放，外形是仿照唐风建造的一组建筑群，营造出古代帝宫与传统园林相结合的雄浑庄重气氛。而馆内收藏的170多

万件文物更是上起远古人类初始阶段，下至1840年鸦片战争。其中基本陈列展"陕西古代文明"通过三个展厅展示了陕西这片土地上从远古时期到唐代的灿烂文化。如果你对唐代历史感兴趣，绝对不可错过陕西历史博物馆。除了"陕西古代文明"外，你还可以在地下一层的唐墓壁画馆内欣赏到来自二十多座唐墓的近600幅壁画珍品，一睹盛世大唐的风采。

秘色瓷莲花碗
——山水江南的园林之城

说到江南,人们会想到那一片美丽富庶的江南水乡。在东周时期,"江南"特指吴国、越国等诸侯国所在的地方,其中吴国在春秋晚期的都城便位于现在的苏州。被山水环绕的苏州钟灵毓(yù)秀,人杰地灵,遍地都是私家园林,被人们冠以"园林之城"的称号。人们更是以"江南园林甲天下,苏州园林甲江南"来评价苏州的园林。来到苏州,除了园林,还不能错过享有"吴中第一名胜"美誉的虎丘。苏东坡曾赞道:"到苏州不游虎丘者,乃憾事也。"而虎丘最为著名的景点之一便是历史悠久、古朴雄奇的云岩寺塔,它是古城苏州的象征。1956年,人们在维修云岩寺塔时,在塔内发现了一件国宝文物——越窑青瓷莲花碗,这只碗凭借它精美绝伦的外表以及背后的历史传说,受到世人的瞩目。

中国古代越州名窑烧制的青瓷中有一种特制的精品瓷器,这种外表"如冰似玉"、异常美丽的瓷器被人们称作"秘色瓷",这件青瓷莲花碗便是五代越窑秘色青瓷中的稀有作品。它的珍贵不仅在于华丽精致的外表,还在于它细腻的质地和周身弥漫的佛教气息。莲花在佛教中象征着圣洁和纯净,莲花碗的制作者也似乎要把内心对佛教的虔诚物化成这只玲珑剔透的莲花碗。莲花碗由碗和盏托两部分组成,工匠不仅在碗上精心地雕刻了莲花浮雕,而且用料极为讲究,温润细腻的釉色流淌着湖水般清澈碧绿的光芒,整只碗看起来

恰如一朵在湖光山色中娉（pīng）婷而立的宝莲，使得佛法和艺术得到了完美的结合。

你可能会问：为什么这种青瓷叫"秘色瓷"？之前流传最广的说法是五代时，钱镠（liú）创立吴越国后把越窑收归国有，并且蛮横地规定这越窑只能为朝廷烧制青瓷。由于这种青瓷的用料秘而不宣，所以被称作"秘色瓷"。但是有人认为秘色瓷在晚唐就有了，因为晚唐诗人陆龟蒙就曾在《秘色越器》中写过"九秋风露越窑开，夺得千峰翠色来"的诗句。直到1987年，考古工作者在陕西法门寺地宫发掘出十多件晚唐秘色瓷，才证明了晚唐已经存在秘色瓷，但仍然无法给出"秘色"这一词的解释。所以，"秘色"因何而来，至今人们都还没一个确切的说法，但这并不妨碍"秘色瓷"作为越窑青瓷精品而存在。

如果想欣赏到这件秘色瓷莲花碗，那就非去苏州博物馆不可了。苏州博物馆的新馆于2006年建成并开放，这可是由大名鼎鼎的建筑设计师贝聿铭先生设计的。贝聿铭先生根据苏州园林小巧玲珑、清雅俊秀的特点，使用深灰色屋顶和白墙设计新馆，流露出浓重的传统苏州园林韵味，再配以馆内"吴地遗珍""吴塔国宝""吴中风雅""吴门书画"四个富有苏州特色的常设展览，带领参观者在这江南山水的静谧氛围中慢慢了解苏州的人文历史变迁。苏州博物馆还有个特别的地方，就是展馆和太平天国的忠王府古建筑连在一起，新馆大门是入口，忠王府大门是出口，观众们参观完展览，还能慢慢欣赏忠王府古建筑以及那秀丽典雅的"苏式彩绘"之美呢。

中国古代名窑

中国是瓷器的故乡，大约商朝时，人们就开始烧制瓷器。到了宋朝，瓷业达到了繁荣期，还出现了"五大名窑"的说法。它们分别是汝窑、官窑、哥窑、钧窑和定窑，其中汝、官、哥窑烧制的瓷器都是青瓷，定窑则以白瓷著称。钧窑虽然也属于青瓷，却不以青色为主，而是有玫瑰紫、天蓝、月白等多种色彩。

七宝阿育王塔
——东南佛国的吴越之韵

晚唐五代以来，我国东南地区佛教盛行，宝刹①林立，因此这片土地被世人称为"东南佛国"。

2008年11月22日下午，南京朝天宫最中间的大殿供奉台上，一群高僧云集在供台唱诵佛经，其中有来自南京五大寺院的住持。现场除了法师还有考古学家，他们在做什么呢？原来，他们正在为7月出土于南京大报恩寺的稀世宝塔举行出函②仪式。宝塔被严密封存在一个巨大的铁函之中，为了保证宝塔平安出函，并且尊重佛教的礼仪，人们选择在朝天宫举行阿育王塔出函开光法会。这座北宋时期的宝塔是中国乃至世界范围内已发现的最高规格的阿育王塔，被称为"阿育王塔之王"。

阿育王是古印度孔雀王朝第三任

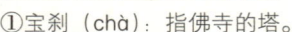

① 宝刹（chà）：指佛寺的塔。
② 出函：把阿育王塔从放置的铁函里取出。

国王，他的统治时期是古印度史上空前强盛的时代，他也是古印度帝王中最有影响力的一位。阿育王在位后期努力推广佛教，使得佛教成为世界性宗教。他还把供奉在印度的释迦牟尼佛骨舍利分成几份，分发到世界各地供奉。中国作为印度的邻国，自然也受到了佛教的影响。中国有多座阿育王塔，南京大报恩寺塔的前身便是其中之一。这座发掘于大报恩寺塔的"七宝阿育王塔"内供奉着一件异常珍贵的圣物，被当时的人盛放在五重容器①中，这便是佛祖释迦牟尼涅槃②后留下的最为珍贵的真身头顶骨舍利子，是世界上现存唯一的一枚。与这枚佛顶真骨一同放置的还有十颗感应舍利③，以及诸圣舍利等佛教圣物。这座宝塔因此成为中国迄今为止供奉舍利最多的阿育王塔。

　　这座阿育王塔外表精美绝伦。塔的表面通体鎏金，显得整座宝塔金光闪耀。塔刹上有五重相轮④，塔顶是一颗火焰形的宝珠，塔盖四角各有一个突出的部分，像花叶张开的样子，被人们称作"山花蕉叶"，每片山花蕉叶和塔刹之间有悬挂着风铃的链条连接。整座塔身布满浮雕佛教故事，一共有19幅画面，讲述了释迦牟尼从出生、出家、苦修，到觉悟、传法、涅槃的全过程，画面之间还雕饰着佛像、金翅鸟、莲花纹、忍冬纹等精美纹饰。塔身镶嵌的数百颗珠宝更是衬托得整座塔气势恢宏。这些珠宝有金、银、琉璃、砗磲⑤、玛瑙、玻璃和水晶，这七种珠宝被称作"佛家七宝"，这座阿育王塔的名字——"七宝阿育王塔"就由此而来。

---

①五重容器：在阿育王塔内有银椁，银椁里套金棺，金棺内是大小银函，小银函内放置水晶瓶，瓶内供奉佛顶真骨。
②涅槃：佛教用语，原指超脱生死的境界，现用作死（多指佛或僧人）的代称。
③感应舍利：由高僧祈祷得来的舍利。
④相轮：贯穿在塔刹上的圆环，起到敬佛礼佛的作用。
⑤砗磲（chē qú）：一种难得的深海贝壳。

七宝阿育王塔现存放在南京市博物馆内,其所处的朝天宫是江南地区最大的明清官式古建筑群落。朝天宫的历史可追溯到春秋时期,相传朝天宫所在的冶山是吴王夫差所筑冶城的所在地,冶城也是南京最早的城邑之一。随着时间推移,修建在冶山上的建筑有时成为寺院,有时成为道观或学宫,直到明朝,才由开国皇帝朱元璋赐名为"朝天宫"。1978年,朝天宫正式成为南京市博物馆。这里汇聚了精美珍贵的文物和精彩纷呈的展览,除了阿育王塔,馆内收藏的十万余件珍贵的文物和以南京历史文化为主题的各类展览向人们讲述着南京从远古到民国的历史变迁。再配以这里雄伟壮观的古代建筑,南京市博物馆称得上是古都南京的一颗明珠。

《广州港全景图》
——南方港口的商贸之门

位于我国东南一隅的广州在今天是一个商业发达的大城市，而它的对外贸易活动可以追溯到秦汉时期。随着古代海上丝绸之路的兴起，广州更是成为了海路通商的主港，自唐宋以来便是闻名世界的东方港口。一幅描绘晚清时期珠江北岸商贸繁盛景象的油画，在2008年年底，历经160多年的沧桑风雨终于回到国内。这幅大约画于两次鸦片战争之间的油画长达2米，宽0.88米，在照相机还未普及的当时，精确地记录了当时珠江北岸上广州帆樯林立、商贸盛极一时的繁华景象，被称作珠江版的《清明上河图》。

作者在画中描绘了珠江北岸从沙面往东直至大沙头码头一带的风景。画面左侧是在珠江水年复一年的冲积下形成的沙面，这里从

宋朝时期开始就是国内外通商要津和游览地。沙面往东便是十三行商馆区。十三行在历史上可谓是赫赫有名，在清朝的闭关锁国政策下，广州是唯一一处对外贸易的港口，而在此获得广州官府特许、从事对外贸易的商行在当时号称"十三行"，所有进出口商货都要经它们买卖。据说这些商行在全盛时期，其中的四大商行家产总和比当时的国库收入还要多，算得上富可敌国了。在画面最右侧，便是大沙头的东炮台，这是清政府设在广州城东、用于守卫省城的主要军事设施。

这幅洋画是外销画。所谓外销画通常是指中国画师运用西洋绘画的技法绘制，主要销往国外市场的画作。18世纪时，欧洲非常流行"中国风"，外国人对中国这个生产出精美瓷器、丝绸的国度非常好奇，于是，描绘广州的画作便成为了外国商人带回家的东方旅行纪念品，在今天很多欧洲博物馆中，都能见到当年外销画的身影。根据这幅画的绘画风格和画框背部的残存信息，专家们推断出这幅《广州港全景图》是煜呱的作品。据文献记载，煜呱擅长油画和水彩画，喜欢把商港风光作为绘画主题。你可能觉得"煜呱"这个名字很奇怪，其实"呱"是广州画家的名号，也是当时画店的品牌，欧洲人看到有"呱"字招牌的商行，便知道这是做洋画生意的。和煜呱同时的，还有很多"呱字辈"外销画高手，他们的作品远销海外，声名远播。

这幅油画在海外"旅游"了一圈之后便落户在广东省博物馆。2010年，新的广东省博物馆建成开馆，这幅外销画和馆内其他16万余件（套）藏品一起移入新馆。新广东省博物馆的外观设计灵感来源于广东传统工艺品"象牙球"，展厅和回廊如同在一根象牙里面镂雕出的多层空间一样层层递进、环环相扣。当然，最吸引人的还是馆内的展览和藏品。"广东历史文化陈列""广东省自然资源展览"

"潮州木雕艺术展览"等基本陈列，围绕历史、自然、艺术三个主题，把广东的历史、自然和人文呈现给观众，让观众感受到广东独特的文化氛围，并看到一个历史悠久同时又兼容并包的广东。

小贴士

广州牙雕

广东省博物馆外观设计的灵感来源象牙球是牙雕的一种。广州牙雕又称南派牙雕，是以象牙为原料进行雕刻、镶嵌、编制的工艺，已经有两千多年的历史，是第一批国家级非物质文化遗产之一。广州工匠制作牙雕的技艺出神入化，据说在宋代，他们已能制作出内有三层且层层可转动的象牙球，被冠以"鬼工球"的美名。

《富春山居图》

大家听到《富春山居图》这个名字，可能还以为所画的是在富春山中居住时的生活图，但这其实是一幅山水图，画中最多的是富春江水。全图用墨淡雅，山和水的布置疏密得当，墨色浓淡干湿并用，极富于变化。

被称为"中国十大传世名画"之一的《富春山居图》是元朝画家黄公望为郑樗（chū）（无用师）所绘。此图展现了富春江一带的景色。富春江两岸峰峦叠嶂，似秋初景色，树木苍苍，疏密有致地生于山间江畔，村落、平坡、亭台、渔舟、小桥等散落其间。明朝画家董其昌称道它"展之得三丈许，应接不暇"，给人咫（zhǐ）尺千里之感。画中清润的笔墨、简远的意境开创了中国山水画新风格。

1350年，黄公望将此图题款送给郑樗，从此这幅画开始了它在人世间600多年的坎坷历程。明成化年间，沈周藏此图时便遭遇"巧取"者——沈周请人在此图上题字，却被这人的儿子藏匿而失。后来此图又出现在市上被高价出售。

　　清顺治年间，吴氏子弟，宜兴收藏家吴洪裕得到此图后更是珍爱至极。清朝画家恽（yùn）寿平在《瓯（ōu）香馆画跋》中记：吴洪裕于"国变时"置其家藏于不顾，唯独随身带了《富春山居图》和智永法师《真草千字文》逃难。卧病在床的吴洪裕到了弥留之际，因为太珍爱此卷了，所以嘱咐家人把它"焚以为殉"，即烧掉它来殉葬。吴洪裕的侄子用偷梁换柱的办法，救出了《富春山居图》。画虽然被救下来了，中间却被烧出几个连珠洞，一分为二，前段较短的画被称为《富春山居图·剩山图》（长51.4厘米，宽31.8厘米），后段较长的画被称为《富春山居图·无用师卷》（长636.9厘米，宽33厘米）。

　　重新装裱后的《富春山居图·剩山图》，在康熙八年（1669）让与王廷宾，后来就辗转于诸收藏家之手，长期湮没无闻，至抗日战争时期，为近代画家吴湖帆所得。到1956年，它来到了浙江省博物馆，成为"镇馆之宝"。

　　而《富春山居图·无用师卷》辗转经过多人收藏，最终被征集入宫，为乾隆皇帝收藏。后来为避日军战火浩劫，《无用师卷》被列入当年故宫文物南迁名录，后运至台湾，现藏于台北"故宫博物院"。

　　乾隆皇帝得到过两卷《富春山居图》。一卷为《富春山居图·无用师卷》真迹，另一卷是后人仿造的，却先一步进入宫中，后来被称为《富春山居图·子明卷》。相传，乾隆首先见到仿作时爱不释手，把它珍藏在身边，不时取出来欣赏，并且在6米长卷的留白处赋诗题词，加盖玉玺。由于两幅画实在是太像了，真假难分，加上

《富春山居图·子明卷》一直被乾隆视为珍宝时时带在身边，屡屡题赞，即使后来《富春山居图·无用师卷》也来到身边，乾隆还是认为《富春山居图·子明卷》才是真迹，甚至在真画上题字示伪，故意颠倒是非。经过专家仔细考证，发现乾隆御笔题说是假的那张，实际是真的，而乾隆题了很多字说是真的那张却是假的。而今，《富春山居图·无用师卷》和《富春山居图·子明卷》都存放在台北"故宫博物院"，共同见证着中国书画收藏史上的一段笑谈。

600岁佳作隔海相望已久，直到2011年6月1日，浙江省博物馆"十大镇馆之宝"之一的《剩山图》来到台北"故宫博物院"，与存放在那里的《无用师卷》一起出现在"山水合璧——黄公望与《富春山居图》特展"上。

至此，《富春山居图》首次在公众面前展现全貌。

海外遗珍

至正型青花龙纹大瓶

众所周知，中国是瓷器的故乡，在英文中，"瓷器"（china）已经成为中国的代名词。除去收藏在国内博物馆里的瓷器之外，还有很多我国的精美瓷器流失在海外。至正型青花龙纹大瓶就是流落异国的一件珍品。

至正型青花龙纹大瓶，又称大维德花瓶。此瓶共两件，在元代至正十一年，即1351年烧造于景德镇，现藏于大英博物馆中国馆，是极为重要的青花瓷样本。之所以说它重要，是因为它的烧造年代十分明确。其中一件瓶颈上的铭文写道："信州路玉山县顺城乡德教里荆塘社，奉圣弟子张文进。喜舍香炉、花瓶一付（副），祈保合家清吉，子女平安。至正十一年四月良辰吉日舍。星源祖殿，胡净一元帅打供。"从这段文字来看，该瓶与张文进有关，而且当时大瓶是用于祭祀

的。当然，这只是一种猜测。

　　造型复杂、恢宏雄伟，而且成对，是这对瓷瓶如此重要的另一个原因。它们整体的构图方式为疏朗型，瓶口以蕉叶纹作边饰，用粗线描绘蕉叶边线，再用细线描绘叶脉。主体纹饰为龙纹，画工精湛，笔法流畅，整条龙看起来栩栩如生，似要跃然而出。纹饰共有九层（耳饰算一层）。元代青花的纹饰种类繁多，如牡丹花纹、菊花纹等花卉纹，凤纹、象纹等动物类纹饰，还有以人物为题材的纹饰。而这对瓶几乎包括了元青花绘画内容的全部，只差没有画人物。后来，凡是层次多、绘制内容相仿的元青花瓷器都被称为"至正型"，由此可见此瓶的影响力。

　　那么，这件文物到底是如何流失的呢？多年来，其辗转的详细过程还未可知，只知道20世纪20年代，旅英华裔古玩商吴赉（bēn）熙带着一对罕见的青花大瓶来到琉璃厂，请当时古玩行的专家高手鉴定并打算出售。遗憾的是，这对珍贵的文物被认为是赝品瓷而被拒之门外。"元代无青花"似乎是当时古玩行的"共识"，人们就这样在自己家门口失去了认识元青花的机会。最后，这对青花瓶被一位英国人——中国古陶瓷收藏家大维德爵士（Sir Percival David）收藏。

宏善寺铜钟

加拿大安大略皇家博物馆收藏着一件形体巨大的中国铜钟。铜钟的模样与中国寺庙里的佛钟一样，顶上蹲踞着两条可爱的小龙，传说，这是龙的儿子，名叫蒲牢。蒲牢天生胆小，尤其害怕大海里的鲸鱼，但有一个优点就是嗓门大，声音洪亮，它的叫喊声在几十里之外都能听见。钟的顶部就像是一个微微隆起的斗笠，钟的肩部环绕着十六个精致的莲花瓣。钟体有很多条粗细不等的线条，将其纵横分隔出八个四边形的方块，方块内除了有"大明正德十三年造""司礼监太监韦霦（bīn）施""皇帝万岁万万岁"等字样，还有一些佛教经文、名称以及海水波浪纹、八卦图案等装饰。这件精美的铜钟是明代嘉靖皇帝身边一个叫韦霦

的太监出钱铸造的。你可能感到非常奇怪，太监韦霦为什么要铸造这样一件大铜钟呢？

　　太监是无法结婚生子的，所以他们年老退休之后通常会结伴去佛教寺院养老，北京至今保存着很多太监修建的庙宇，而铜钟是佛教庙宇中必不可少的法器，因此许多太监会捐资铸造佛钟。太监们以特殊的身份出入宫廷，察言观色，谋取私利，甚至威慑皇权，显赫一时，曾经对中国封建政治产生了难以估量的影响。明朝时期，太监已经发展成为一个具有一定数量的宦官阶层。在北京大钟寺古钟博物馆收藏的钟铃遗物中，有多件明朝宦官捐资铸造的佛钟，例如法华寺钟、智化寺钟、三十五佛名钟（三件）、天宁寺钟、黄村寺钟、摩诃（hē）庵钟、保明寺钟、魏忠贤钟等等。这些佛钟的钟体上铸刻着铸钟的年月和所有捐资人的姓名。捐资人少则一人，多则数百人，常有太监集体联名捐铸。由于明朝宦官的特殊身份和特殊地位，他们捐铸的佛钟大都质地上乘、铸工精良、纹饰精美，加拿大安大略皇家博物馆里收藏的这件佛寺铜钟就是其中之一。

　　体量如此巨大的铜钟是如何散失到了太平洋彼岸的加拿大的呢？事情还得追溯到一百多年前的八国联军入侵北京时。大约在1900年至1901年期间，意大利士兵从北京的一座寺庙把铜钟运走，之后，把它长期存放在澳大利亚军团在北京的驻地。1915年该钟被收藏者以两千块大洋卖出，最后由加拿大安大略省皇家博物馆的代理人克罗夫茨（George Crofts）以五百块大洋的低价购得，并收藏至今。

成化斗彩鸡缸杯

中国经历了长达一个世纪的半殖民地半封建时期，在此期间，很多珍贵的文物都流失海外。今天要介绍的文物就是曾使三位皇帝爱不释手，现藏于大英博物馆的成化斗彩鸡缸杯。

斗彩是在瓷器上先绘青花，再施釉，最后上彩的装饰形式。斗彩鸡缸杯是明代成化年间由江西景德镇御窑厂创烧出来的，那么成化皇帝为什么要烧造斗彩鸡缸杯呢？据说是因为他最宠爱的万贵妃喜爱斗彩瓷，而且皇帝本身艺术修养也很高，因此就派遣大批工匠烧造斗彩鸡缸杯，而后来斗彩鸡缸杯也成为成化年间斗彩瓷的代表。可以说，成化皇帝成就了斗彩鸡缸杯，斗彩鸡缸杯也为这位皇帝的传奇人生增添了浓墨重彩的一笔。

斗彩鸡缸杯的器形既像碗又像缸。纹饰的题材是鸡，取"吉"

的谐音，寓意"大吉大利"。杯上大都是鸡嬉戏、觅食等图画，造型生动朴实，趣味性很高，用笔简练概括，一气呵成。成化皇帝之所以要求图案是公鸡、母鸡与小鸡，是因为他希望和万贵妃白头偕老；杯上小鸡的图画，也表达出成化皇帝对比他大18岁的万贵妃的尊敬和依赖。辅画以湖石、兰花、月季、牡丹为主，画风轻快明丽。

现藏于大英博物馆的斗彩鸡缸杯一共有四件，一件为明代成化年间造，两件为清代康熙年间造，一件为清代雍正年间造。清代康熙和雍正时期烧造的被称为仿斗彩鸡缸杯。明成化年间造的斗彩鸡缸杯已千金难求，被奉为佳品；清康熙年间烧制的仿成化斗彩鸡缸杯无论是器形、用料都足以和成化年间的瓷杯媲美；清雍正时期烧制的瓷器质量在清代是最好的，因此其仿成化斗彩鸡缸杯的水平也非常高，而且该时期的瓷器图案色调淡雅，绘制工艺让人惊叹。四件斗彩鸡缸杯上，都画有一只昂首挺胸的大公鸡，公鸡右侧有一只母鸡，和小鸡一起在啄食地上的食物，造型栩栩如生，旁边绘有山石、月季等，表现了家庭其乐融融的景象。四件斗彩鸡缸杯底部都有制造年号款。

这四件斗彩鸡缸杯是世界上现存的为数不多的真品，一些流转到民间的斗彩鸡缸杯价值已经过亿。那么，如此珍贵的文物是如何漂洋过海，跨越几万里到达英国的呢？1840年鸦片战争以后，背负了许多债务的清政府被迫打开港口，和英国进行贸易。清政府积贫积弱，1900年八国联军借此机会侵华，在此期间，大量珍贵文物流失。斗彩鸡缸杯就是在这一时期流落到国外的。

斗彩鸡缸杯既是中华瑰宝，又是人类宝贵的历史文化遗产。文物具有还原古代社会面貌和教育现今公众的重要作用，我们要保护我国的珍贵文物，减少它们的流失；对那些已经流失海外的文物，我们希望它们有一天能重回祖国的怀抱。

《南诏中兴画卷》

唐王朝曾经在云贵高原上扶持地方势力蒙氏，后者建立过一个叫南诏国的神秘小国，结束了高原上各部落互不统属的分裂局面。小国不大，但经济、政治、文化都获得了快速发展。到南诏国第十一代王蒙世隆在位时期，情况发生了变化：国王妄自尊大，四处用兵，导致经济衰退，国势日下。唐昭宗光化二年（899），南诏国大权旁落，从此陷入一蹶不振的困境。末代国王舜化贞深感危机四伏，为了证明"王权天授"的合法统治地位，他于南诏中兴二年（899）命令画师绘制了一幅《南诏中兴画卷》，以期能够借助佛祖的神力保

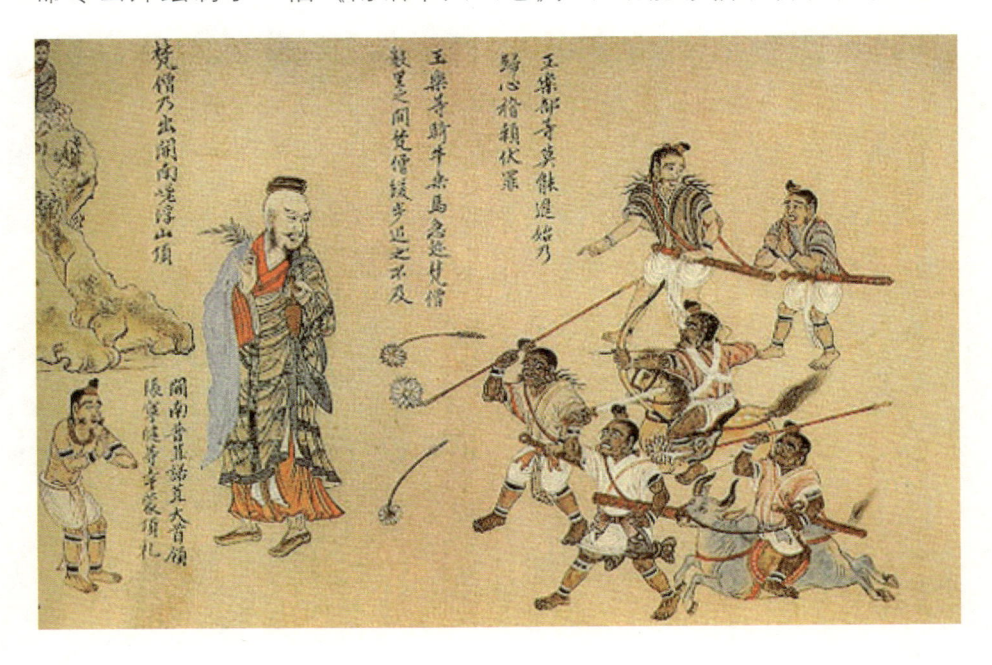

住江山。然而，该画绘制四年以后，蒙氏统治了250余年的南诏还是覆灭了。

  《南诏中兴画卷》，又名《南诏图传》，是一幅彩绘纸本卷轴画，由文字卷与画卷两部分组成，其中文字卷上共有196行近3000个秀丽俊逸的楷书文字。画卷近6米长，分"巍山起因""祭铁柱图""西洱河记"三个主题，娓娓讲述了南诏祖先细奴逻建立南诏国的神话传说。其中第一个主题"巍山起因"表现的是"阿嵯（cuó）耶观音"化身点化南诏先祖细奴逻父子及其家眷的故事。第二个主题"祭铁柱图"是全图的核心部分：传说唐封首领大将军、建宁国王张乐进求率众祭祀诸葛武侯立的"白崖铁柱"时，铁柱顶端的金缕鸟突然活了过来，停落在细奴逻的左肩上，八天之后才飞走。于是人们认为细奴逻是天定的领导者，张乐进求就让出王位，并将女儿许配给了细奴逻。32岁的细奴逻于唐太宗贞观二十三年（649）即位，建号大蒙，称奇嘉王，创建蒙氏南诏国。第三个主题"西洱河记"的画面则是西洱河神金鱼与金螺被禁锢于两条大毒蛇缠绕成的菱形封闭空间当中，仿佛诉说着南诏国气数将尽的艰难处境。

  《南诏中兴画卷》既是云南地区保留至今最古老的南诏时期珍贵的绘画艺术作品，也是研究佛教在云南洱海地区传播与发展的重要物证。清雍正年间，此画流落于北京民间书画收藏家之手；八国联军进入北京之后，此画流失海外，文字卷已佚，唯存画卷，现藏于日本京都藤井有邻馆。美国人海伦·查平（H. B. Chapin）博士于1932年在日本中山公司纽约分理处见此卷轴画，遂著文《云南的观音像》，首次公布《南诏中兴画卷》的照片，引起世人瞩目。

楚国帛书

在美国华盛顿弗利尔-赛克勒美术馆里有这样一件藏品，它可以说是中国古人最早原创的十二星座图，也是现存最早的春秋战国时期的楚国帛书，被发现于湖南省长沙子弹库楚墓。

帛是在纸张未发明时用的一种书写材料，是白色丝织物。大约在西周的时候，人们就开始在丝织品上写字、画图。在春秋战国时期，帛的用途相当广泛，其中作为书写文字的材料，常常与"竹简"并举。不过，由于帛的价格远比竹简昂贵，它的使用者也限于达官贵人，因此"帛"作为抄写的材料就比"简"要少一些。并且由于帛不易保存，所以我们今天发掘出土的帛书数量十分稀少。

长沙子弹库出土的楚国帛书上下高约38厘米，左右宽约47厘米，中心是书写方向互相颠倒的两段文字，全书共九百余字。在文字的四周绘有十二个怪异的神像，旁各附有章文。在帛书四角有青红白黑四色描绘的树木。楚帛书是目前出土文物中最早的古代帛书，内容丰富庞杂，共分三部分，即天象、灾变、四时运转和月令禁忌，对研究楚文字以及当时的思想文化有重要价值。楚帛书外侧的十二月神极其类似《山海经》中的形象，十二月神用细笔勾勒，填有红、棕、青三色彩绘。旁边有一行三个字的题记，可与章文对照。章文载有十二个月的月名及每月适宜的行事和禁忌，末尾载有每个月神的职司或主管的事，因此楚帛书有可能是战国时期中国版十二星座图。它不仅具有艺术和书法价值，同时对我们研究先秦文明和楚地巫文化具有重要价值。

那么，为什么楚帛书会千里迢迢地被藏于美国华盛顿弗利尔−赛克勒美术馆呢？这还得从1942年说起。实际上，楚国帛书是1942年在湖南长沙东郊的子弹库战国楚墓被"土夫子"盗掘出土的。帛书被盗出后，最早的收藏者是古董商唐鉴泉，后来被唐氏以数千元的价格卖给了蔡季襄。1944年，蔡季襄先生撰写了《晚周缯（zēng）书考证》一书，这是第一部披露、研究子弹库帛书的著作，第一次对楚帛书的形制、文字和图像进行了研究和介绍。

1948年，蔡季襄携帛书来到上海，想为其拍摄红外线照片，以便显示部分不清晰的文字。随后，一名叫柯强（John Hadley Cox）的美国人主动找上门来。柯强介绍说美国有红外线照相机，可以显示帛书上不清楚的文字。在柯强的连哄带骗下，楚帛书就以1000美元从蔡氏手上被转手卖到了美国。1949年至1964年，楚帛书以接受检验为名寄存在纽约大都会博物馆，直到1965年才被转售给美国古董收藏家赛克勒医生。

根据传闻，赛克勒生前曾希望将楚帛收藏于即将建成的北京大学赛克勒博物馆，但这个愿望由于他的过世而未能实现。1987年，美国华盛顿弗利尔−赛克勒美术馆建成，楚国帛书便被藏于其中。

虎食人卣

卣（yǒu），是中国青铜器的一种器形，身为青铜器家族的一员，它也是用来祭祀的礼器。青铜文化发达的商代和西周时期的古人很喜欢用它装酒，所以卣大多是圆形和椭圆形，底部有脚，以方便人们搁置它。虎食人卣是商代晚期酒器，共有两尊传世，相传出土于湖南省安化县。后来，一尊流失至日本，现存于日本泉屋博古馆；一尊流失至法国，现藏于法国巴黎赛努奇博物馆。两件卣中以日本泉屋博古馆所收藏的较为著名。

湖南出土的商代晚期青铜器大多纹饰复杂，这尊卣也是如此。卣身大体以云雷纹为底纹，各局部通过圆雕、浮雕、线刻形式根据所处位置的不同再饰以其他纹样，其中主要纹饰有虎形纹、夔（kuí）龙纹等，制作工艺堪称一流。

虎食人卣，听到这名字，

我们的脑海中便情不自禁地浮现出"一只大老虎正残暴地张着大口要吃人"的画面。而这尊卣的造型也仿佛确实如此。它高35.7厘米，具有商代卣圆形的典型特征，这圆形是由虎与人相抱的姿态巧妙构成的。老虎的肩部连着卣的环形提手——提梁，提梁的局部纹饰是在云雷纹为底的基础上再饰以长形夔纹，另外还有精巧的兽首立在提梁两侧。虎背上则是椭圆形的酒器口，口上配着饰有一对卷尾夔纹的盖子，盖上立着一只栩栩如生的鹿，造型十分精美。

虎两耳竖起，两只后足和微卷的尾巴则是其用来支撑身体的依靠，也正好成为卣的三足，支撑着卣的平衡。老虎的两只前足环抱着一个瞠目、身体贴着老虎胸口蹲坐的人。人的一双赤足分别踏放在老虎的两只后足上，双手则伸向老虎的肩部。人和虎胶着紧贴。然而人头上方却是老虎的血盆大口，口中虎牙如锯如钩，异常锋利，让观者胆寒。

老虎的姿态不禁让人心生疑惑：它的前后足呈保护姿态护着人，但是它却张着口做吞食状，人的表情也仿佛充满了恐惧。那么这只大老虎到底是要吞食这个人呢，还是为了保护他而去威慑他对面的敌人呢？

众所周知，青铜器在商代是专门供给贵族使用的，那这卣上的人也许代表着当时社会的奴隶。有人认为，在奴隶主贵族掌权的社会中，"虎食人"造型的卣是为了恐吓奴隶，让他们更加听从自己的命令，以此来巩固自己的地位和权力。

而另一种广为人知的说法则是从青铜器作为礼器的祭祀作用出发的。老虎环抱人是在保护甚至是哺育人，人们用这种"虎乳人"造型的卣进行祭祀就是向上天表达想与自然和谐相处的祈望，传达了"天人合一"的思想。

关于"虎与人的关系"问题众说纷纭，卣的名字，也因此产生了争议。除了"虎食人卣"，还有人称之为"虎乳人卣"。这只虎究竟是我们心里威风凛凛的百兽之王，还是温顺可亲又善良的虎妈妈呢？探究还在继续，你有什么看法呢？

「器」宇轩昂

何　尊

　　我名叫"何尊"，因为我的主人是一位叫"何"的年轻人。

　　在3000多年前，周朝刚刚建立不久，也就是周成王五年的时候，我就诞生了。大家想不想知道我背后有着怎样的故事？且听我慢慢道来。

　　在商朝的晚期，"周"还只是一个小小的方国。当时的周王是文王，而"何"的父亲追随着文王。"何"父很有才能，受文王之命治理着国家，周国因此慢慢变得强大起来。可是后来，文王不幸去世了，周武王扛起了重任，最终带领着大家打败了商朝，建立了周朝。周武王在祭天的时候宣誓："我将居住在天下之中，治理好天下的人民！"但还没来得及履行誓言，周武王就去世了，周成王继位。在成王亲政第五年的四月，到了祭奠武王的日子，为了完成周武王的

誓言，成王在天下的中心之地，修建了都城"成周"。接着，成王在京宫里训诰了宗室的小子——也就是告诫我的主人"何"——成王希望"何"能像他的父亲那样接受王的任命，帮助自己管理好国家，不愧对两代人建立周朝的业绩。接着成王派"何"去管理雍州，还赏赐了他三十朋贝（"贝"是当时的货币，"朋"是货币的单位，一朋是十贝）。"何"便用这些钱铸造了我，并留下122字的铭文记录这件事情。

不知道大家有没有从我的故事里发现什么秘密呢？周武王说要居住在天下的中心，这句话在我的铭文上是"宅兹中国"，这可是最早的"中国"一词呀。那时的"中国"并不是现在的中国，而是"天下的中心"的意思，成王依照武王的誓言在这里修建了成周，据传就在今天的洛阳。虽然最早的"中国"并不是今天的中国，但是经过了3000多年的时光，"中国"的含义不断变化，从"洛阳地区"扩大到"广大的中原地区"，再到"南北方统一的中国"，最后变成我们今天的中国。3000年的时光改变了地表的山川，更迭了无数朝代，把文化揉碎了又拼凑起来。在这3000多年里，"中国"的内涵变了又变，但最终还是把"中国"二字留给了我们。而在我的身体

小贴士

尊是我国古代的一种盛酒器，一般为喇叭筒形，最初为陶制。到了商周时期，流行大中型的青铜尊。作为青铜器的尊不仅是一种盛酒器，更作为礼器而存在，还是一种身份与等级的象征。何尊在1963年出土于陕西省宝鸡市宝鸡县贾村镇（今宝鸡市陈仓区），收藏于中国宝鸡青铜器博物院。

里，在这方寸之间，就是我们最最古老的"中国"呀！

　　对了，光顾着讲我的故事，还没有介绍我的样子呢。乍一看，我像一朵圆柱形张开的喇叭花，虽然像喇叭花，但我可一点都不艳丽哦，我是一件庄重沉稳的青铜器。在我身体的最上面，是四片大大的芭蕉叶子和四条小蛇，蛇头朝下，眼睛圆圆的。在我的肚子上面，刻着一对长着硕大羊角的兽面，兽的鼻子像牛鼻，爪子很尖，眼睛鼓鼓的，这种纹饰被称作饕餮（tāo tiè）纹。我的肚子下面也是一对饕餮纹，不过比肚子上的要小，显得小巧精致。可不要认为我只是造型好看和纹饰精美，我还代表着当时最高的青铜器铸造水平呢。要知道，当时的人们可没有机械工厂哦，甚至连铁都还没有呢，要做出一件青铜器，全靠人们手工的技艺与经验，这是一件多么了不起的事情啊！

小贴士

饕餮纹是流行于我国商周时期青铜器上的一种纹饰，最早可追溯至良渚文化玉器上的神人兽面纹。饕餮纹是一种"有首无身"的综合兽面形纹饰，包括角、耳、眉、眼、鼻、爪等部分，其中最富变化的是角，常见的有内卷角、外卷角、曲折角、羊角、牛角、龙角、长颈鹿角等。何尊上的饕餮纹就是羊角形的，而著名的西周兽面纹方鼎上则是牛角形的饕餮纹。

玄鸟的真面目

我是鸮（xiāo）卣，是一种外形像猫头鹰的盛酒器。我的头上有盖子，全身有着各种花纹，包括夔纹、雷纹等。我生活的时代叫商代，住的地方是在现在的山西省石楼县二郎坡村。生活在那时的人们非常喜欢我的外形——猫头鹰，认为猫头鹰代表了他们与生活抗争、努力生存的精神。工匠们千辛万苦用各种技巧将我塑造得又好看又实用。我的肚子大大的，能盛放很多酒，但是我可不贪杯。我的身上有两只猫头鹰背对而立，它们长得呆呆萌萌，非常可爱。有人说，我身上的两只鸟是传说中的玄鸟，可书上说玄鸟长得像燕子。玄鸟到底是什么样，我身上的小鸟又是不是玄鸟呢？大家吵得不可开交，谁也不服气谁。

一部分人说，玄鸟是黑色的，因此不可能是猫头鹰，而是燕子才对；另一部分人说，玄除了有黑色的意思，也有玄

妙的意思，猫头鹰在夜间飞行，行踪可比燕子神秘多了。那个时候人们害怕黑暗，希望在黑暗中也能看清一切，而且从古至今人们都希望自己能够像鸟一样飞起来，猫头鹰刚好两个条件都满足，人们将它的形象制成器具也就不足为奇了。

  对这个问题的研究还在持续进行，我也越来越迷茫，我到底是不是玄鸟呢？这个问题就留给你继续思考吧。如果你感兴趣的话，可以到山西博物院来看一看我的样子，我会很高兴和你见面的。

小贴士

  猫头鹰属于鸮形目，大部分为夜行性肉食性动物，白天睡觉。因为它们的双眼以及头部特征与猫科动物相似，所以俗名叫猫头鹰，也叫神猫鹰。猫头鹰经常被当作不祥的征兆，民间有俗语：不怕夜猫子叫，就怕夜猫子笑。但其实在古时候，猫头鹰是备受人们喜爱的鸟类，因为它们捉老鼠的本领非常厉害，为保护粮食做出了较大的贡献。现在，猫头鹰是我国二级保护动物。

鹳鱼石斧图彩绘陶缸

　　中国国家博物馆的"古代中国"展览中陈列着一件6000多岁的大陶缸，它于1978年出土于河南省汝州市一个叫阎村的地方，在2002年被列入《禁止出国（境）展览文物目录》。你是不是觉得这件陶缸看上去和常见的水缸并没有太大差别，只不过就是披着暗红的外衣，缸口边还有四个对称的尖尖的鼻钮而已？

　　这件看似普通的陶缸为什么能够成为我们的"国宝"级文物呢？这是因为它的大肚子上绘有我国发现的最早的画作之一。这幅画占据了整个缸外壁的一半，画面左侧是一只站立着的白色鹳（guàn）鸟。这种大型水鸟有着白白的身子，圆圆的眼睛，尖尖的嘴巴，目光炯炯有神。瞧，它正紧闭上下喙，用它的六根脚趾紧紧地抓着地，身体微微后

倾，昂首挺胸，多有精神呀！在它尖尖的嘴巴上叼着一条大鱼，鱼儿垂着身体，好像正在摆动尾巴，想从鹳鸟口中逃出来似的。这垂死之鱼和神态凌厉的白鹳形成了鲜明对比。在画的右侧呢，是一把石斧，为了不让斧子从大木棒上掉下来，聪明的古人用一根绳子将斧子和木柄捆起来，还在把手处还用绳子牢牢地缠绕着，起到防滑的作用。几千年前，石斧就是这样陪伴着机智的先民们，砍伐树木，追捕狩猎，因而成为了先民们生活中的重要工具之一。

《鹳鱼石斧图》的绘制者根据鹳、鱼和石斧不同的形象采用不同的手法来表现：鹳采用色彩平涂，只有它的眼睛是用浓重的黑线描画出来的，并点一个小黑点表示眼珠，十分有神；但是鱼和石斧都是先用黑色线条描绘出外形轮廓，然后再用色彩填充。整个画面的构图除了石斧是静态形象之外，鹳鸟和鱼都是动态形象，动静结合，相互呼应，既有自然的象形，又有传神的写意，充分体现了画者对大自然的情感，无声地记录着远古先民们的生活。

从工艺上说，鹳鱼石斧图彩绘陶缸反映出6000多年前人们已经清楚地知道如何将普通的黏土烧成陶器，熟练掌握了土与火的工艺；从绘画上说，它标志着中国古代绘画艺术的发源，就这么一幅小小的画，还可能是中国画的雏形呢；从内容上说，这幅画生动地展现了几千年前人们的生活，寓意着人们对劳动生活的赞美，表达了人们对美好生活的向往。

《鹳鱼石斧图》作为中国发现的最早的绘画作品之一，以它独特的气势和形式展现了古代先民们在美术创作上的巨大成就。大陶缸实在是当之无愧的"国宝"！

玉中神兽

　　铺(pū)首，是中华民族传统建筑门扉上的装饰物，因其形状扁平且铺在门上而被称作"铺"，又因大多数都是兽面之状，所以被称作"首"，合称为"铺首"。铺首在商周时期就已经出现，后来，人们在铺首下加了一个圆环，来访者就用这个圆环叩击门板发出声音，以告诉屋内有人来访。铺首加圆环，被人们称作"铺首衔环"。铺首有不同的材质：金、银、玉、石、铜、铁。今天我们看到的这件铺首由蓝田玉制作而成，叫作"玉铺首"。

这件玉铺首有着不同寻常的来历，它出土于大名鼎鼎的汉武帝刘彻的陵墓——茂陵。1975年的一天，人们在茂陵园内平整土地，忽然，在地下70厘米处，发现两件玉石状的东西。仔细一看，其中一件方方扁扁，有两只大大圆圆的眼睛，还有着一条粗长的鼻子。人们小心地将它取出，抹去上面的泥土，这件器物便露出了它的真面目。

　　那是一个神情凶猛却又略显可爱的兽头：圆圆的眼珠上方横置着粗长的眉毛，两边的眉毛连着一条挺拔的鼻梁，鼻梁向下延伸后卷曲。垂下的鼻梁两边对称分布着一颗颗方方的牙齿，鼻头下挂着的圆环却早已不见踪影——这是一只失去了衔环的铺首。尽管没有了衔环，这件玉铺首依旧不改其色。一朵朵卷云分布在铺首的左右两侧，兽头顶则飘着一朵两边向内卷曲的大云朵，缭绕的卷云为兽头平添了几分神气，颇似神兽之首，静静地凝视着人间。等等，那是什么？在缭绕的云朵间似乎还隐藏着一些别的东西。

　　人们更加仔细地观察这件铺首，因为这些卷曲的云朵看起来很不寻常。为了看清云朵里的真相，人们又细细地剔除了云朵夹缝中的微小泥垢，这时，玉铺首真正的面目才展现出来。在云朵间的神秘之物不是别的，正是传说中的四大神兽——青龙、白虎、朱雀、玄武。

小贴士

四大神兽

青龙、白虎、朱雀、玄武又被称为"四象"，即天空中东、南、西、北四大星区，是远古星宿崇拜的产物。四大神兽中蕴含着五行和方位，东方青色为木，西方白色为金，南方赤色为火，北方黑色为水，另有黄色的四兽之长——应龙位居中央，代表土。

传说中的四大神兽被雕刻在这件玉铺首上，它自然不是一件凡物。于是人们给它取了一个名字，叫作"四神纹玉铺首"。四只神兽的姿态整体呈蜷曲之状，犹如一朵朵飘浮的卷云，赋予这件静静不动的铺首动态之美，匠人们巧夺天工的本领可见一斑。

铺首是门上的装饰品，门则是人们进出房屋的通道，而任何通道都是有方向的。四大神兽代表着天地的四个方位，将它们雕刻在铺首上，意味着门的方位正确，寓意着人们出入有序，合乎方位。不仅如此，作为四方之神，它们还拥有着无穷的力量，将它们雕刻于铺首之上，是人们希望四大神兽能够镇守四方，保卫平安。这件铺首来自茂陵——汉武帝死后的居所，更暗示着皇帝希望自己死后，这四大神兽能够保护好他的陵墓，镇守住国土四方。这便是"四神纹玉铺首"的寓意。

这件文物不仅暗含着古人对宇宙、天地间规律的认识，还表露出人们的美好祝愿与寄托，表达着中国古代先人对安居乐业、国泰民安的期冀。匠人们将这些未言的话语尽数刻在了这一块蓝田玉上，化作一件铺首。

有铺首便有房屋，有房屋便有家，有家便有国。这一块在泥土中沉睡了2000多年的玉铺首，指引着家的方向，指引着国的安康。

虎座飞鸟

我来自距今2000多年的楚国，考古学家们偶然的一次发掘让我和我的"同伴们"再一次见到了久违的光明。考古学家对我们进行了保护、修复和研究，让现在的人们知道了我们的名字。现在，我的名字是虎座飞鸟。作为我曾经所处地域楚国的特色文化器物之一，我很自豪。

从我的名字你就能看出来，我是一件组合型的器物。我由三部分组成，除了底座的虎，主体的凤鸟，在凤鸟的背部还插有一对鹿角。创造我的楚国人，生性自由浪漫，热爱大自然，他们往往能将大自然中的动植物形象刻绘进他们日常生活用的物品中，我的形象就是最好的证明。

在我的时代，楚地鹿群遍布，不仅野外多鹿，当时的贵族们也爱在自家后院中饲养鹿。古来鹿为瑞兽，被赋予了吉祥的意蕴。楚人创造我，在我身上插上鹿角时，还在鹿角上涂朱色颜料，带给鹿角鲜活的生命力，让鹿角陪伴着我展翅高飞，直上九霄。

我的主体是一只昂首挺胸、气势恢宏的凤鸟。我身上黑、白、红、黄四种颜色绘制的纹饰让我色彩明丽。这些纹饰似羽毛，勾勒出楚人心中凤的飘逸之姿。首尾的点缀，让凤的形象栩栩如生，仿佛时刻等待着风起。凤，在楚地是带有巫术神秘意义的神鸟，楚人认为凤鸟能帮助巫与天地沟通，能引领人类灵魂升天。凤鸟的图案常会出现在楚人的服饰、器具、艺术品上。我以凤为主体，代表着墓主人对生死的思考与对升天的期盼。

凤鸟下方是一只绘有朱色云纹的虎。虎呈匍匐姿态，头直立，目视前方，在黑暗的墓室里，努力做出严肃的样子，吓唬那些心怀不轨之人，为墓主人守得安宁。也许在墓主人永远不会醒来的梦里，一只凤鸟背负鹿角，脚踩猛虎，在云雾之中徐徐飞升，驾风而上。

我由木头与鹿角制成。楚人用木头雕刻出凤与虎的形象，安插上鹿角，上漆，再在漆上面画上花纹，一件奇特的艺术品就诞生了。在考古学家将我发掘出来时，我身上曾经鲜艳的色彩早已因岁月而消退，保存下来的，是楚人曾经的所思所想，还有留给考古学家们的一系列需要解答的问题。

墓主人呀，虽不知君之所往为何处，但汝之所在，即吾之归处。

最美的衣服

我是来自元代的梅瓶，你可以叫我小瓶子，今天要介绍一件我最喜欢的衣服，它是一件白中泛青的裙子。它的独特之处在于上面绘制有四个小故事，也就是"四爱图"，表现的是王羲之爱兰、陶渊明爱菊、周敦颐爱莲、林逋（bū）爱梅鹤这四位雅士的高洁志向。这件裙子造型秀美、颜色雅致、线条流畅，更难得的是它记载了很多人物，所以一直受到人们的喜爱，它也是研究元代青花非常重要的资料。

我的这件裙子上记载的是四位大文人的故事，他们都是我非常尊敬的先辈。虽然我没能与他们生活在同时代，但是我听说过他们的故事，下面就让我来介绍一下吧。

首先是喜爱兰花的王羲之。提起王羲之，我们或许都不会陌生，他在我国书法史上的地位十分显赫。他精研书法体势，创作了很多流传百世的精品，影响了后来很多的书法家。我们也知道，兰花在我国一直被视为高洁的象征，与梅、竹、菊并称"四君子"。相传王羲之爱兰如命，在家中各处都养有兰花，甚至有传言他的行书就是从婀娜多姿的兰叶上得到了启发。另外一种说法是，由于王羲之居住的地方盛产兰花，所以他也养了很多兰花，并且非常喜欢在练习书法之余赏玩。不管哪一种说法，都能够体现出这位大书法家对于兰花的喜爱，他也像兰花一样具有高洁典雅的气质。

陶渊明也是我们很熟悉的一位雅士，他对于菊花的喜爱也一直为人们所津津乐道。陶渊明曾作诗记录他对于菊花的喜爱，如《饮酒》（其五）：

结庐在人境，而无车马喧。
问君何能尔？心远地自偏。
采菊东篱下，悠然见南山。
山气日夕佳，飞鸟相与还。
此中有真意，欲辨已忘言。

对于陶渊明喜爱菊花也存在两种观点：一种认为菊花代表的就是陶渊明的性格，因为菊花象征着隐士不与世俗同流合污的高洁意

愿，所以陶渊明非常喜爱；另外一种说法是陶渊明看重菊花的药用价值，他爱的是服食菊花，爱的是饮菊花酒。

接下来要介绍的是周敦颐。提起周敦颐，我们会想起他的《爱莲说》，这篇文章正记录了他对于莲花的欣赏和喜爱之情。

关于周敦颐和莲花的故事，流传比较广的是他在南康军（今江西庐山一带）任职期间，在当地挖了一口池塘种植莲花，每当茶余饭后，便邀请三五好友，于塘畔赏花品茗，并写下了脍炙人口的《爱莲说》。后来，对周敦颐非常仰慕的朱熹重修了莲花池，并从周敦颐的曾孙手中得到了周敦颐《爱莲说》的墨迹，将其刻石立于池边。

最后要介绍的是林逋。这位北宋时期的大文人，不娶妻生子，而是植梅放鹤，将梅花作为自己的妻子，将仙鹤作为自己的儿子，享受隐居生活的恬然自适。这就是我们常常说的"梅妻鹤子"成语的由来。他曾创作《山园小梅》组诗，其中"疏影横斜水清浅，暗香浮动月黄昏"两句，成为描绘梅花清幽香逸的名句。

以上就是我最喜欢的衣服所记载的故事，同时期和我一起出世的还有很多好看的梅瓶，但是因为制作我的人用了很多心思，给了我一件最美丽和最有意义的衣服，所以我才能被人们喜欢至今。好啦，我的介绍就到这里啦，希望你也能够喜欢我的这件美丽的衣服。

粉彩荷花吸杯

席慕蓉在《莲的心事》中写道:"我是一朵盛开的夏荷/多希望/你能看见现在的我。"我想,那流连于清代,穿越时空的粉彩荷花吸杯也有着同样的心声。它们也希望我们走进博物馆,一睹它们的芳容。

粉彩荷花吸杯以那优美的荷花为纹饰和整体造型,其侧面吸管有如荷梗,周围粉色的"大花瓣"舒展自如,中间鹅黄色的花蕊明快鲜亮,将荷的风采展现得淋漓尽致。

粉彩是釉上彩中的一种,兴盛于雍正、乾隆时期,是在彩料中掺入"玻璃白"后,在高温烧制的白釉瓷器上进行彩绘,最后再入窑低温烧制而成的。

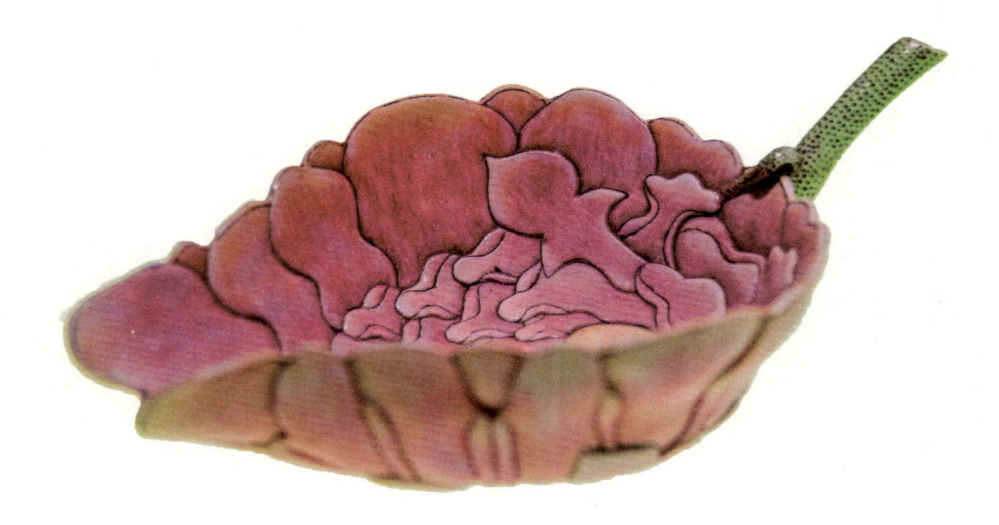

瓷器本就是土与火的艺术，瓷胎水土融合，光滑平整，温和细腻，恰似那温婉的江南女子；窑内的炉火热情激烈，一如那慷慨的北方大汉。粉彩荷花吸杯外在柔美，内在刚强，将矛盾的二者融为一体，实为先民们智慧的体现。

粉彩荷花吸杯属于"秋操杯"的一种。"秋操杯"又称"秋操纪念杯"或"莲实吸杯"，有三种形式，一种是粉彩荷花式，这种吸杯也被许多学者认为是粉彩牡丹式。其余两种则是绿釉荷叶式和普通酒杯式。目前国内诸多博物馆，如湖北省博物馆、辽宁省博物馆、河北博物院、河南博物院、天津博物馆等，都藏有秋操杯。藏于河南博物院的秋操杯杯身高约5厘米，长约19厘米，吸管上竖写墨字楷书"大清光绪三十四年安徽太湖附近秋操纪念杯"。皇室怕王孙贵族遗忘自己祖先能骑善射的本领，每年的秋天都在安徽太湖附近举行比武操练。比赛完后怕大口喝酒不雅观，就制作了这件纪念杯，可以说它是一件酒器，是当时的纪念品，也有人说它是中国吸管的起源。

试想一个多世纪以前，那些满清将士手执粉彩荷花吸杯在那燥热的演习场上轻饮一口冰酒，会是怎样一个场景呢？可以说这吸杯，便是武力的蓬勃与饮食的雅致之间的桥梁了。

此外，还有人认为这秋操杯之所以设计成粉色荷花的造型，是因为想寄托一片丹心报效朝廷的寓意。

时至今日，我们不得不叹服这小巧的杯中所蕴含的大智慧。今后，当我们在炎炎夏日饮用冷饮时，想到百年前人们的雅姿，心中会不会多了一丝惬意呢？

藏在泥土里的人

我叫立人陶范，是一个复合范的外范，六扇范中的合范，听起来是不是好复杂？简单说，我是一个陶质模型，我的使命是塑造一件青铜器。我出生在很久以前的春秋时期，现在已经有2000多岁了，现在安家在中国国家博物馆。

在记忆里，我长期沉睡在黑暗的泥土里。1961年，一群考古工作者在山西省侯马市铸铜遗址识破我与土地融合的完美伪装，从那时起我便渐渐苏醒过来，又重新活在明亮的地方。我身材匀称，上宽77厘米，下宽44厘米，高107厘米。你可以从我的整体形状看出，我的功能大概是铸造某件青铜器铸件的下部，或者是支撑桌椅的腿。

我身体内部的凹陷形成了一个小人儿的形状。他身着时髦的衣裳，赤足站立。这是我不同于其他陶范的特点，我的名字也

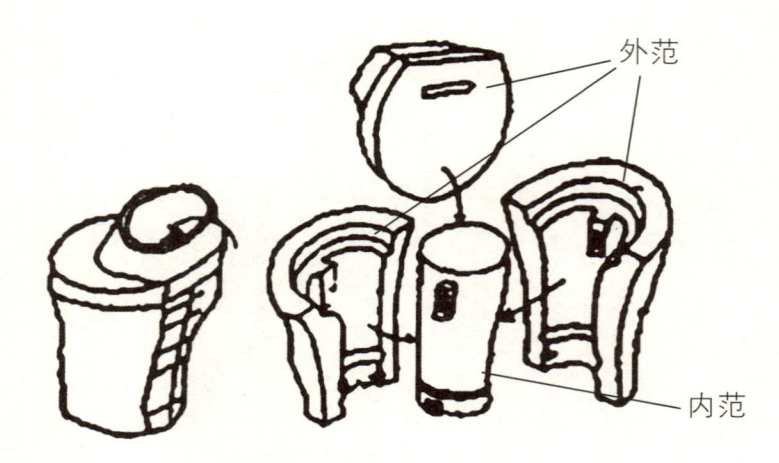

陶范合范的使用简图

是由此而来。这个小人儿有着一副健美的身材，结实的肌肉，大大的双手；头戴冠，衣服长及膝，衣服上装饰了勾连T形纹，内部还填有雷纹；腰上系着带子，并在腹部打成蝴蝶状，腰侧斜带一件物品。这个小人儿的背部与足底部后面有两道方槽，双手及头部各有一个圆洞，考古工作者认为它们可能是浇铸的浇冒口。范的上部则呈方柱状，可以和其他的铸件衔接，也可以作为浇冒口使用。

也许你很好奇，浇冒口是什么？这个小人儿究竟是谁？他和青铜器又是什么关系？我，立人陶范为你提供线索。

陶范是用湿泥制成，经过修整、晾干、加温烘烤烧制，最终定型成陶质的模具，又叫"印模"。陶范是古代铸造青铜器的陶制范模，流行于黄河、长江中下游地区。陶范出现的时间较早，新石器时代晚期陶鬶[1]的袋状足就已经用陶范加工制造了。陶范一般分为内范和外范，里面会雕镂好看的图案或文字。外范大多是合范，因为一件器物常需要用多块差不多一样的范拼合铸成。各范间用子母口（即凹凸连接体）拼起，接合的地方都很平整，但是会有范线。 内范

---

[1]陶鬶（guī）：一种用来煮酒、温酒的三足陶器。

比外范小，也叫范芯。内外之间是有空隙的，铸造时往这空腔中浇注铜液，等到铜液冷却凝固后取出，清理、加工、打磨，一件青铜器成品就完成了。陶范的分范合铸技术在春秋时期达到了顶峰。

说实话，本范的外貌并不算精致美丽，但是希望我质朴的内涵能吸引你。好了，本范的亮相时间就要结束了，如果你是我的真爱粉，欢迎来到首都北京，来到中国国家博物馆，这里宝物很多，还有其他有趣的陶范，如兽头陶模等。我很期待与你的会面！

商王凤佩

我是一只来自几千年前的凤凰。我的主人可厉害了，她不仅是当时商王的妻子，而且还是一位鼎鼎有名的女将军。她名叫妇好，能征善战，还精通占卜，大家都非常敬佩和爱戴她。

我的主人可喜欢我啦，经常将我佩戴在身上。我虽然全身是黄褐色的，但是我一点也不难看，我的整个身子长13.6厘米，身躯是弯弯的，体态很轻盈。我的背中间有一个带圆孔的小突起，我的主人妇好就是从这里穿绳子来佩戴我的。我还长着和鸡一样的齿脊状冠和尖尖的嘴巴，翅膀也有些短，可我有着与众不同的翎毛。我的尾巴又长又弯，还有一些镂空，胸部向外凸出，和我的长尾巴连成一个优美的弧线形，可好看啦！当时的工匠为了制作出我，对我进行了精雕细琢，可费了不少功夫呢！因此主人也对我爱不释手。

我和商代有着密切的联系，3000多年前的商代人民都非常重视我。在他们心目中，我

具有秉德、兆瑞、崇高、示美等神性，有为造福众生而负任、献身的品格。在《山海经》中就有关于我的记载，可见我不仅是高贵吉祥的象征，也是仁义德行的化身。商代人的始祖叫契，他的母亲叫简狄，商代人之所以如此重视我，据说就是因为简狄是在吃了凤鸟的卵之后才生了契。契长大后协助大禹治水有功，后来成为殷商的始祖，殷人也就自命为凤的后裔。这也就是"天命玄鸟，降而生商"的传说故事，所以商代人民都很崇拜我，将我奉为他们的"神鸟"。几千年来，龙大哥和我一起被大家认为是祥瑞的象征，我们俩在一起就代表着"龙凤呈祥"的好兆头。

当时和我一起陪伴主人的还有玉蛙、玉熊、玉蝉等，我们都是非常好的朋友。1976年，考古学家在河南安阳偶然发现了我主人的坟墓，同时也发现了我们。他们把我们洗得干干净净，保护好，收藏在中国国家博物馆供大家欣赏。

狮纹金花银盘

中国国家博物馆存放金银器的库房内，各时代不同类型的文物们早就听说今天会新来一批金银器。博物馆的工作人员放好文物刚出门，它们就兴奋起来了。

狮纹金花银盘实在受不了其他金银器那好奇的眼神，开口说道："你们好啊！"

其中一件银杯说道："你也是银器吗？"

狮纹金花银盘回答："我是狮纹金花银盘，出生在唐朝。"

一件金瓶又开口道："快给大家讲讲你的故事。"

狮纹金花银盘点了点头，继续说道："我1956年出土于陕西省西安市。在唐代，我是专门用来盛放食物的器具。我身高6.7厘米，口径有40厘米，身下还有三条腿。别看我是金色的，其实我是银盘哦。只是我的花纹是金色的，所以看起来金灿灿的。"

金瓶仔细观察狮纹金花银盘后，继续问道："你说你叫狮纹金花银盘，那你中间那个花纹就是狮纹？"

狮纹金花银盘点了点头："是的，这也是我与众不同的地方，很多银盘上面都装饰着各种鎏金花纹，有些也会装饰动物纹饰，我这个纹饰就是狮纹。"

"什么是狮纹？我怎么没听说过？"银杯提出了自己的疑惑，很多金银器也都露出好奇的表情。

另一件银杯看了看狮纹金花银盘中间的狮子，解释道："狮子主要生活于非洲和西亚，中国本土并没有。唐代之前虽有从西域进贡的狮子，但由于路途遥远，到达中原很不容易，一般很难见到，所以人们不知道狮子也很正常。"

"那你为什么有狮纹，难道你是一些小国进贡来的吗？"金瓶问道。

"我可是正宗的唐朝制造哦，至于为什么我身上有狮纹，那是因为隋唐时期丝绸之路畅通繁荣，西域商人往来不绝，西域国家向唐代皇家进贡的狮子也更多了。从中国的古代文献里，常常可以看到西域国家向中国献狮子的记载。贞观九年（635），康国进贡了一头狮子，太宗命虞世南作《狮子赋》，其中不仅介绍了狮子运来途中的艰险，也描绘了狮子的威猛外貌，'瞋（chēn）目电曜（yào），发声雷响。拉虎吞貔（pí），裂犀分象'。其他一些进贡的狮子来自吐火罗、米国、波斯以及大食国等。"狮纹金花银盘说道。

看大家都听得很认真，狮纹金花银盘继续补充道："而且由于那

个时候丝绸之路贸易往来频繁，从西亚或者东亚传来的金银器也十分盛行。那时，中国在制作金银器方面受到国外的影响，所以当时的器物也带有西式味道，我就是其中之一。在7世纪后期至8世纪中叶的盛唐时期，金银器已十分流行，到8世纪中叶至9世纪初，江南地区制造金花银器的手工业也相当发达。"

金瓶看大家都了解了一些狮纹金花银盘的情况，说道："今天就先这样吧，狮纹金花银盘才来，我们让它好好休息吧。"

大家都点了点头，没有再继续发问。

狮纹金花银盘看大家都很友好，说道："那我先休息了，大家还有什么想问的，我可以明天再给大家解疑。各位晚安。"

"晚安。"大家一同回答。

狮纹金花银盘相信，在国家博物馆的日子应该会很充实愉快。

冯素弗鸭形注

　　你对鸭子一定不陌生，那你有没有见过用玻璃做的鸭子呢？我就是一只距今1600多年的玻璃鸭子，不过我不是用来把玩的，而是用来盛装液体的，所以专家们给我取名为"注"。

　　我浑身呈淡绿色，因为在地下待得太久，有些地方还泛着蓝紫色的虹彩呢。我的嘴巴扁扁的，肚子又有一点鼓鼓的，小肚子下有一双小脚，还有细细的小尾巴，最关键的是背部有一对翅膀。工匠把我做好之后，在我的肚子下面粘了一个玻璃的小圆饼，就是为了让我能够平平稳稳地立在桌上，是不是很贴心呢？你看，我的形态像不像一只鸭子？专家们因此就叫我"鸭形注"啦！我的重心在前半部分，所以当我装满水的时候就会不自然地前倾，但如果只有我的肚子里有水，我就能够站得四平八稳啦。我用自己小小的力量告

诉主人："不要贪杯哦！"我长20.5厘米，肚子有5.2厘米宽，不过我很轻，只有70克，这是因为我是由匠人吹制而成的。吹制玻璃本身难度就很大，而我的造型又比较复杂，所以工匠花费了不少心思呢。

我的主人叫作冯素弗，当年他声名远扬，做过大司马、大将军，四处征战，威风凛凛。不过他三十多岁就去世了，实在是太可惜了！他去世后，大量珍贵的物品与他一起被埋入地下，跟我一类的玻璃器还有一件淡绿色的碗、一件深绿色的杯和一件淡绿色的钵，这几样物品也都是匠人吹制而成的，采用了常见于古罗马时期的制作玻璃的工艺。学者们经过分析后，发现我们几个体内的成分与罗马的玻璃基本相似，所以我们都是陪伴在主人身边的罗马玻璃。

你看到这儿是不是很惊讶？罗马的玻璃1600多年前就来到了我们国家？在汉代时有张骞通西域，但在那之前人们就已经走水路进行海上贸易往来了。而我的年代比汉代要晚了好几百年，所以我们那个时候的陆路和海路贸易都比汉代更加通畅和繁荣。我所处的地方在我国北方地区，所以主要依靠陆路进行国际贸易，但不是丝绸之路哦，而是"草原之路"。顾名思义，"草原之路"就是草原上的一条路，从我国新疆开始，途经宁夏到达内蒙古呼和浩特，进而到内蒙古赤峰、辽宁朝阳，最后抵达朝鲜和日本。就这样，一条路线贯穿了我国北方，促进了亚洲各国的交流。而我——玻璃鸭形注，见证了1600多年前文化交流的盛况。我现在住在辽宁省博物馆中，欢迎你来沈阳看我！

张雄墓俑

我们是来自新疆吐鲁番地区的木俑，我们的主人叫张雄，是1300多年前的高昌国的大将军。高昌国是那个时候西域地区的一个小国家，和现在的新疆吐鲁番地区差不多大。主人虽然是高昌国的大臣，但是他支持唐太宗李世民推进国家统一，所以很受唐太宗的重用。

很多古代墓葬中都有随葬墓俑的习俗，可我们却与普通的墓俑不同：我们的头部都是直接用木头雕成的，胸部用木条粘在脖子下。我们的手臂就更特殊了，是用纸捻成的。聪明的你肯定知道，木质物品容易腐朽，非常不容易保存下来。而我们能够保存下来，和新疆的气候有着很大的关系。我们虽然是高昌国的木俑，可是我们穿的衣服、梳的发型、长的样貌都和唐代中原地区的人一样。我们身上都穿着用锦和绢制作的衣裳，随时准备为主人起舞。我们有男有女，有老有少，每个人的神态都不一样。男的有七个，可是五个都损坏了，只有两个是完整的。一个戴着乌纱帽，穿着黄色的绢衣和黑色的靴子；另一个噘着嘴巴，瞪着眼睛，别提有多滑稽啦！女俑可就多了，足足有十七个，每一个的打扮都不一样，有的头发梳得高高的，有的扎得低低的，有的梳着云髻，还有的女扮男装呢。每个人的动作也不一样，有的正在跳舞，还有的在唱歌，有意思吧！

初唐时期，乐舞可流行了，唐太宗李世民曾经亲自领导创作新的乐曲，产生了很大的影响，所以唐代很多墓葬中都有乐俑和舞俑。不过我们和普通的乐舞伶人也不一样，有学者根据史书记载称我们为"傀儡（kuǐ lěi）"，就是用来表演歌舞、娱乐民众的木偶。我们必须要表现出鲜明的嬉笑怒骂的情态，要表演得淋漓尽致才行，所以我们不像其他木俑那样一本正经，我们就是来搞笑的！主人让我们陪着他，不仅是希望死后能继续看我们表演，而且是一种"炫富"。据《旧唐书》记载，一个王公贵族为了炫耀，就用这些木偶来给自己陪葬，然后引得大家竞相攀比，于是葬礼就越来越奢侈。

傀儡的起源很早，但是用傀儡来表演戏剧，一般被认为始于盛唐以后，自从我们被挖掘出来之后，这一时间就被提前到了初唐，这在我国戏剧史上具有很重大的意义呢！

玻璃高足杯

我们了解一件文物,首先要知道它是在哪儿发现的,长什么样子,保存的状况如何。明白这些问题以后,我们才能进一步探索文物身上所隐藏的历史信息。

新疆维吾尔自治区博物馆所藏的这件玻璃高足杯,于1989年发现于新疆库车著名的森木塞姆石窟附近。这件玻璃高足杯被发现时已经破碎成几片,经过文物修复师的修复,我们大致可以看出玻璃杯破碎前的原貌。与我们今天所看到的玻璃杯不同,这件玻璃高足杯为半透明绿色,因透明度较低,从玻璃杯外侧不能清晰地看到内

侧的情况。此外，我们还可以看到，玻璃杯身是半球形的，外壁上有两圈圆形装饰物，每个圆形装饰物大小相似，交错排列着。凸起的杯柄连接着喇叭形的杯足，这使得玻璃杯看起来十分精致。

　　在掌握文物的基本信息之后，考古学者们就需要运用一些技术、方法对玻璃高足杯做进一步的研究，深入发掘它身上的历史信息。通过观察，人们发现，这件玻璃高足杯是用无模自由吹制技术制成的。简单来说，就是将熔融的玻璃液挑在一个中空吹管的一头，像吹泡泡那样吹出器物的形状来，然后再通过一些简单的工具进行修整，使得器物看起来更加美观，实用性更强。除此之外，考古学者们还在积累、熟悉、掌握大量国内外出土的玻璃制品资料的基础之上，通过器物之间形态的比较，以及考古资料和历史文献互证等方法，推断这件玻璃高足杯是通过贸易的方式从伊朗来到中国境内的，玻璃高足杯的制作技术、造型等皆体现了伊朗文化传统及其特色。

　　这件玻璃高足杯是历史的见证，代表着古代中国与西方国家的政治、文化及贸易往来。

　　如今的考古学研究，注重多学科的结合与阐释。文物身上蕴含着丰富的历史信息，我们认识一件文物，除了欣赏它的外观，还可以不断地深入，探知它的制作工艺、来源，甚至器物所代表的时代手工业水平、政治文化交往状况等。

　　当我们走进博物馆，参观馆内的历史、民俗文物的时候，不妨秉持一颗求知、敬畏之心，认认真真地通过文物去了解与认识历史。

余「音」绕梁

穿越时空的鼓声

　　铜鼓的先祖是一种叫"釜"的煮食器，成语"釜底抽薪"中的"釜"说的就是它。先人煮食完毕后把釜扣过来敲打以享受音乐，后来经过长期的发展，才逐渐演变出一种独立的青铜礼乐器，即铜鼓。铜鼓通体用铜合金铸成，从采矿炼铜，到用黏土制造鼓芯、鼓范，在泥胎上刻镂花纹，将熔化的铜汁注入其中，焊上鼓面、鼓耳，再到最后的立雕，工序繁多，只有精湛的工艺才能制造出铜鼓珍品。铜鼓流行于我国南方及东南亚地区长达2000多年。在漫长的历史发展过程中，铜鼓与当地各民族的社会、经济、文化生活紧密地联系在一起，形成了独特的铜鼓文化。

　　壮族是一个对铜鼓情有独钟的民族，广西壮族自治区也成为中国的铜鼓之乡。广西民族博物馆藏有铜鼓300多面，是世界上收藏铜鼓数量最多、类型最全的博物馆。广西民族博物馆的主体建筑外形就源自富有广西地域特色和民族特色的铜鼓，说明铜鼓对广西人民具有特殊的意义。在过去，象征着统治权力的铜鼓曾作为祭祀用具和娱乐用具，被广泛用于陈列、集众、盟会、战阵、祭祀、娱乐、丧葬等场合。而现今，广西的壮族、瑶族、苗族、彝族等民族仍在珍藏和使用铜鼓。每逢节日庆典，铿锵悦耳的铜鼓声就会在少数民族的山山寨寨回荡；人们伴随着铜鼓声，跳起欢快的舞蹈，满怀喜悦和对未来的美好期盼。

广西铜鼓的类型和数量颇丰，其中的冷水冲型铜鼓很有意思。你肯定会问，为什么要叫冷水冲型铜鼓呢？这是因为它在广西藤县蒙江冷水冲被人们发现，而这样的铜鼓又有很多面，所以它们就有了一个统一的名字。这种铜鼓在西汉中期至隋唐时期最流行。我们可以看到鼓面边沿都装饰有立体的小青蛙或者乘骑的塑像。我们来给青蛙一个特写：它四足挺立，两眼圆突注视着前方，好像是看到了自己的猎物一般。对于生活在广西的壮族人民来说，蛙在他们的信仰中占据着重要的位置。壮族自古以来是稻作民族，水稻的种植

与雨水紧密相关，因此要祈求雨水。蛙类身体结构特殊，对旱涝比较敏感，农民通过蛙鸣可以预测水旱，故有"田家无五行，水旱卜蛙声"的诗句。壮族人认为青蛙是雷公的儿子，要通过青蛙把信息传达给雷公才能求得雨水，因此对青蛙产生了根深蒂固的崇拜。讲完青蛙立饰，让我们来看看鼓面上的乘骑塑像。大家知道吗？在我国南方民族中，牛和马都是财富的象征。人们希望通过在铜鼓上塑造青蛙和牛马等形象，能够在击打鼓面时将自己的愿望传达给天神。

　　世界铜鼓之乡在中国，中国铜鼓之乡在广西，当我们置身世界上最大的铜鼓博物馆——广西民族博物馆中，面对着一面面静止不动、缄默无言的铜鼓时，仿佛又听到了那曾激荡千年的鼓声。

会唱歌的石头

　　我是一片沉睡了三千年的石头。1950年，我在河南省安阳殷墟武官村大墓遗址被考古工作者唤醒，现定居于中国国家博物馆。人称"磬中之王"的虎纹石磬就是本磬啦。石磬是中国古代先民创造出来的一种石制打击乐器，因为我能在演奏时发出清脆悠扬的声音，因此人们也常常把我称作"会唱歌的石头"。

　　我的体形呈片状，长84厘米，宽42厘米，厚仅为2.5厘米。我身披威风的猛虎花纹：虎目圆睁，虎尾上扬，虎口大张，尖尖的獠牙尽显威严气势。这只老虎匍匐着，做出威猛扑食的架势。在古人心目中，老虎是既可怕又可敬的动物。老虎在饥饿时会伤人畜，但是它那神气活现、威猛无比、充满王者霸气的模样，又让人不由得生出敬意。在商代，老虎具有多种象征意义：有人认为虎纹在巫术中，可以用来沟通天地人神；也有人认为虎纹是赣鄱(gàn pó)地区古老氏族"虎方"的图腾，能够趋吉避邪。

在这里，我想聊聊石磬的起源。最早的石磬可以追溯至史前，由某种原始的片状石制劳动工具转化而来，开始时形状多样且不规则，后来也形成了一些固定样式：有些背部呈一个钝角，有些则呈弧形，质地也从原始的石制发展到了玉磬、铜磬等。在中国远古时期，磬曾被称为"石"或"球"（玉磬），传说形成于尧舜时期。磬可以悬挂在木架上，敲击就能发出声音，是古人庆典、祭祀的重要乐器。《尚书·舜典》记载的"击石拊石，百兽率舞"，就是描写先民敲击石磬、举行大型宗教仪式的场景。在象形的甲骨文中，"磬"字左上部分被形象地描绘成一块悬挂着的石片，右下部分则是一手执槌棒的人作敲击状。虎纹石磬是块商磬，即殷商时的石磬，在《诗经·商颂·那》中就有描述殷商时期人们祭祀乐舞的诗句："鼗（táo）鼓渊渊，嘒（huì）嘒管声。既和且平，依我磬声。"由此可知，石磬在殷商时期是一种极其重要的乐器。

说到这里，你肯定会问，虎纹石磬为什么能称得上是"磬中之王"呢？首先，我会骄傲地告诉你，我不是用一般的石头做成的哦，并不是任何一块石头打磨成薄片，都能击奏出美妙动听的音乐。在你眼前的这件虎纹石磬是用一整块灵璧石磨制而成的。灵璧石，产于安徽省灵璧县，与太湖石、昆石、英石并称为中国四大观赏石。灵璧石自古就有"灵璧一石天下奇，声如青铜色如玉"的美称。《尚书·禹贡》记有"泗滨浮磬"，指的就是今天的灵璧磬石。轻击灵璧石，可发出余韵悠长的美妙声音，因此灵璧石自古以来也被视为做磬的最佳石材。其次，我是迄今为止发现的形体最大的商磬，而且我身上雕刻的虎形纹造型优美，刀法纯熟，线条流畅，是难得一见的精品，所以专家们就给了我"磬中之王"的美誉。我在中国国家博物馆等你哦，快来一睹我的真容吧！

聆听远古的回响

呜呜咽咽，悠远苍凉，这是远古的回响。虽然在二里头夏都遗址博物馆诸多玉器、青铜器面前，陶制的我并不那么起眼，但我见证了艺术的发展，记录了先民的悲欢离合。我的名字叫作埙（xūn）。

我从哪里来？有人说我的祖先是一种叫作"石流星"的狩猎工具。古时候，人们常常用绳子系上泥球或者石球，投出去击打鸟兽（投石索）。有的球体中间是空的，能发出声音。这种石流星就慢慢地演变成了埙，后来才成为专门的乐器。最初的埙大多是用石头和骨头制作的，后来发展成为陶制的，形状也有多种，如扁圆形、椭圆形、球形、鱼形和梨形等，其中以梨形最为普遍。

一天清晨，我的主人在洛河之畔采集了一捧湿润的泥土，泥土在主人的手上不断旋转、变幻，渐渐成形。炉火通红，经过高温的淬炼，我终于诞生了：厚重的土是我的骨，灵动的水是我的肌，炽热的火是我的魂。

虽然主人的手艺并不熟练，我只拥有一个音孔，吹奏不出复杂的乐章，但这并不妨碍主人对我的喜爱。他带我去见一位美丽的姑娘，将我吹出低沉的声响；他把我交给心爱的女儿，脸上洋溢着灿烂的笑容；他最终将我带进了坟墓，相伴数千年的时光。

在我之后，和我类似的陶埙在中原大地上流行起来，造型越来越精致，乐音也越来越丰富。专家经过研究，发现我的后辈们经历了从一孔到多孔的漫长过程。大约在四五千年前，埙由一个音孔发展到两个音孔，能吹三个音。大约到了殷商早期，埙得到了进一步发展，有三个音孔，能吹四个音。到商晚期，埙发展到五个音孔，能吹六个音。在商王武丁王后妇好的墓中，就发现了三件陶埙，它们都是五孔埙，能够吹奏出比较复杂的旋律，音乐就这样慢慢走向成熟。到春秋时期，埙已有六个音孔，能吹出完整的五声音阶和七声音阶了。埙由一个音孔发展到六个音孔，经历了漫长的岁月。

　　秦汉以后，埙在中国的音乐历史上主要用于吹奏历代的宫廷音乐。埙是一种中音吹奏乐器，因为它的音色古朴醇厚，所以特别受到古人的推崇。在宫廷音乐中，埙分为颂埙和雅埙两种。颂埙形体较小，像个鸡蛋，音调稍高；雅埙形体较大，音调浑厚低沉，常常和一种用竹子做成的吹管乐器篪（chí）配合演奏。《诗经》里就有"伯氏吹埙，仲氏吹篪"两句诗，意思是说兄弟两人，一个吹埙一个吹篪，表达和睦亲善的手足之情。埙是中国古代重要乐器之一。八音[①]之中，埙为土音，在整个乐队中起到充填中音，使高低音和谐的作用。古人说："正五声，调六律，刚柔必中，清浊靡失。将金石以同功，岂笙竽而取匹？"（郑希稷《埙赋》）这说明他们把我看作与钟、磬具有同等地位的乐器。不管音乐怎么发展，我的音色永远那么厚重、低沉、古朴，等着你来欣赏。

[①]八音：中国历史上，根据制作材料将乐器分为金、石、丝、竹、匏（páo）、土、革、木八类。

最早的拨浪鼓

说起拨浪鼓，很多人可能觉得这不过是一件再寻常不过的玩具。但你知道吗？这小鼓的来头可不小呢，它的图像，甚至出现在了距今3000多年的青铜器上！

拨浪鼓是一种古老又传统的汉族乐器和玩具。它的主体是一面小鼓，两侧缀有两枚弹丸，鼓下有柄，转动鼓柄，甩动弹丸，弹丸击鼓发声。鼓面一般用羊皮、牛皮、蛇皮或纸制成，其中以木身羊皮面的拨浪鼓最为典型，也最为常见。鼓身可以是木的，也可以是竹的，还有泥的、硬纸的。"拨浪鼓"抑或"货郎鼓"是我们现在对它的一般称呼，但在先秦时期，它有个高端大气的名字——"鼗"（táo），也写成"鞉"或"鞀"，这是古代常有的异体字哦，大家以后见到就认识啦。咱们一看这三个生僻字里，要么有"鼓"，要么有"革"，就

94

知道这是个和鼓、皮革有关的物件。

那么，现在就让我们来捋一捋鼗鼓的前世今生吧。我们先穿越到两汉时期，那时候鼗鼓是乐器，在画像砖里很常见。汉代人热爱乐舞百戏，把乐舞百戏图雕刻在了画像砖上，让我们得以看到2000年前的鼗鼓及其演奏图像。在其中一个画面中，我们可以看到一组四个乐师，其中三个左手持排箫，右手持鼗鼓，边吹排箫边转动鼗鼓，另一个乐师比较模糊，可能在吹埙。这就是汉代比较普遍的鼗鼓演奏形式，更高级一点的可能还会配合有鸣钟、鼓瑟、吹竽和击鼓等。

我们再往前穿越到商周时期。当时的鼗鼓还不是普通人可以把玩的乐器，而是用于各类重要典礼仪式的礼器。鼗鼓的形象还被铸在商周时期的青铜礼器之上，既典雅又庄重，这才是鼗鼓的高光时刻。

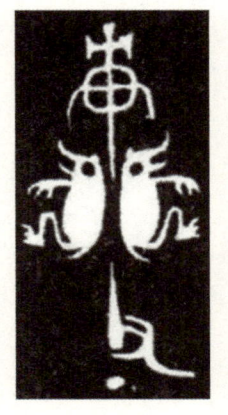

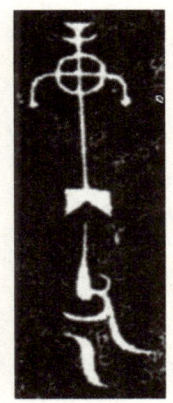

商周人祭祀天地、祖先时都必须用鼗鼓演奏乐曲。当时的鼗鼓还有更详细的分类：冬至那天祭天神要用"雷鼗"，夏至那天祭祀大地要用"灵鼗"，在宗庙祭祀先祖要用"路鼗"。所谓"雷鼗""灵鼗""路鼗"究竟是什么样子呢？郑玄注《周礼·大司乐》中记载了"雷鼗""灵鼗""路鼗"，就是有八面、六面和四面的鼗鼓。

拨浪鼓经历了从先秦礼器到两汉世俗乐器，再到唐宋以后儿童玩具、叫卖工具的大转变。经过了几千年的洗礼，它仍然存在，但却少见了。随着时间的流逝和现代科技的进步，我们的玩具数不胜数，如果你得到这样的玩具，会好好珍藏吗？

华夏先民的清音

　　我是来自河南贾湖遗址的骨笛，是用禽类的骨头制成的，准确地说是鹤类的尺骨，相当于人体胳膊内侧的骨头。别看我只是一支笛子，我的作用可大了呢。

　　我的个头不是很大，只有20多厘米长；我的"腰"也很细，直径只有大约1厘米。我的身上有七个圆形的小孔，最厉害的是，即使我在地下已经埋藏了七八千年，仍然可发出声音，就像来自远古的美妙乐曲一样。专家们说，我不仅是中国年代最早的乐器，也是世界上最早的吹奏乐器，现在的玉笛、竹笛都是在我的基础上制作出来的，可以说我是笛子的鼻祖。但我又是独一无二的，我的造型、工艺、材质都代表了当时的生产技术和审美水平。

　　首先，在造型上，我是原汁原味的，没有经过任何改造，也就是说，现在我所呈现的两边稍翘、中间凹陷的弧形就是动物尺骨原本的形状。专家们说，这样简单小巧的造型代表了古人对自然的尊重，人类只有尊重自然，保护自然，与自然和谐相处，才能世世代代地繁衍下去，这是老祖宗留给人们的警示。其次，我是用鹤类的骨头制成的，硬度非常高，所以即便在地下沉睡了七八千年，我依然能够基本保持原状，并且还能发出乐音。当然了，用鹤骨还有一个原因：鹤类在中国是一种高贵的动物，象征着长寿，所以我以鹤骨为材料代表了当时人们的一种美好祝愿，看来我的身份真的是不简单哪！但是，我坚硬的材质也为制作带来了一定的困难。当时，没有先进的钻头工具，只能靠人工一点点钻出小孔。当然了，看我精致的外形就能知道，这样的小孔也不是随随便便钻出来的，在钻之前，首先要进行测量，在我的身上留下记号，才能确保成品美观、规范。如果仔细观察，还能发现七个音孔旁边有的还有小孔，人们叫它们调音孔，也就是说开孔之后人们一般会进行试音，如果音不准的话，会在旁边再开一个小孔进行调整，由此可见，古人是非常有智慧的。细心的你还会发现，我是暗红色的，而不是一般的骨头颜色，这是因为我被做好之后还要在屋内的房梁之上经过半年的烟气熏染，变成细腻的暗红色才会用于吹奏，这同样反映了古人制作器物时的精湛工艺与良苦用心。

小贴士

从1986年到1987年，贾湖遗址共出土了20多支笛子，从五音孔到八音孔都有，能演奏传统的五声或七声调式的音乐。

我国古代音乐采用五声音阶，即宫、商、角、徵、羽五个音级，在此基础上加上两个变音——变徵和变宫，就成了我们熟悉的七声音阶。以前，人们一直以为中国古代只有"五音"，七声音阶是从西方传过来的，直到贾湖骨笛的发现，才终于推翻了这一说法。贾湖骨笛也是迄今为止，中国考古发现的最古老的乐器。

从兵器到乐器

我是出土于江西省贵溪崖墓的春秋战国时期的古筝,如今已经2000多岁了。别看我和现代的古筝长得不太一样,只有十三根弦,但我的形制和系弦法与后世古筝还是有相似之处的,我可是目前中国已知的最早古筝实物,对古筝的发展历史研究有着重要的贡献呢。

筝是一种古老的传统乐器,战国时期就广泛流行。有一种说法是,筝是战国时的一种兵器。后来,人们在筝上面加上琴弦,拨动时发现这声音悦耳动听,慢慢地就发展成了一种乐器。有句古话是这样说的:"筝横为乐,立地成兵。"随着时间的推移,兵器变得越来越轻便,筝这种庞大、笨重的兵器就逐渐被遗弃了。所以现在人们见到的筝,都是作为乐器出现的。

在中国的传统乐器中,古筝可是"扛把子"一样的存在。莫高窟中有许多关于古筝的绘画,相关的飞天图也是数不胜数。古筝的演奏形式也是丰富多彩。在丝绸之路上,古筝还成了一种流通的商品,为了让古筝更好地销往西域,不少人在制造古筝时会加上一些

非常精美的装饰，渐渐地，古筝成了古代象征身份和权力的艺术品。在唐朝，出现了许多经典古筝名曲，现在流传下来的有200多首，曲曲都是经典，吸引了不少粉丝呢！唐代著名的诗人白居易也是个古筝迷，他曾写下"奔车看牡丹，走马听秦筝"的诗句，可见他对古筝曲的喜爱之情。

古筝发展到今天，也有好些流派呢。一开始，传统的古筝音乐分为南北两派，也就是"南筝"(潮州筝)和"北筝"(河南筝和山东筝)。但现在这些流派慢慢细分开来，主要有以下几个：山东筝派、河南筝派、陕西筝派、浙江筝派、潮州筝派、客家筝派、福建筝派、内蒙古筝派和朝鲜筝派。每个流派的古筝曲都有自己的特色，有些流派因为地理上的距离比较近，也相互影响，共同成长。话说回来，你听过哪些古筝曲目呢？你知道《渔舟唱晚》《寒鸦戏水》《高山流水》《香山射鼓》《凤翔歌》这些古筝名曲吗？你知道它们分别是哪个流派的吗？

听完我的故事，希望你能更好地欣赏这些古筝名曲，也可以去了解一下这些古筝曲背后的故事哦。

拉开宫廷雅乐的序幕

我的名字叫柷(zhù)，是我国古代汉族打击乐器，方形，上宽下窄，以木棒击打，用于演奏宫廷雅乐，表示乐曲开始。相传，我由夏启所创，迄今已有4000多年的历史。根据我国古代的八音乐器分类法，我属木。

我是一件金漆彩画柷，住在故宫博物院，诞生于清朝中期，身高59厘米，内高47.5厘米，上口边长82厘米，下口边长60厘米。我的外围四面均描画五彩吉祥纹饰，柷口及柱皆涂金。正面以天青色为底，居中留正圆形出音孔，直径15.5厘米，围绕出音圆孔描绘四只红色蝙蝠，左右上角各绘丹顶鹤一只，下方为海水江崖纹，间饰

白、黄、绿三色云纹，寓"海水福寿"之意。左、右两面，各描绘一座六角亭，小亭正中摆放长方桌，桌上置五支红色长方形筹码。小亭上方左右两边各描绘两只丹顶鹤衔一支筹码展翅飞翔，四周间饰祥云纹，亭下方饰海水纹，寓"海屋添筹"之意。我的背面，画着一头狮子立于山石平台上，山石左上为灵芝草，左下布满成串的红色天竺，山石右面满铺水仙花草，山石平台与狮上方绘白、黄与蓝三色祥云纹，寓"天仙寿芝"之意。我的内部刷满黑漆，三面正中位置隆起呈鼓形，是打击发声的地方，我的底座被称为趺（fū），一般13厘米高。趺呈方形，中空，束腰，全身涂金。我的演奏工具一般是"止"。它是一个带长柄的八棱形木槌，全身红色。

　　说到柷，也许有人会联想到缶（fǒu），毕竟我们在造型上有些相似之处。我国古代的缶分为两种：一种是用于储藏及冷藏饮品、食品的鉴缶，皇家贵族在夏季会用它冰镇酒水来解暑，它的形状与柷相似。另一种是用于充当打击乐器的瓦制缶，它们大都是大肚子加小口的造型。而我们大名鼎鼎的奥运缶则是结合了上面说到的两种缶的特点（形状是充当食物器皿的缶，用途却是乐器）。柷的造型类似于量米的斗，它的作用就相当于"指挥家的那一举手"，是"起乐"的标志。《尚书》中有"下管鼗鼓，合止柷敔（yǔ），笙镛（yōng）以间"的记载，意思是敲击柷，标志着音乐的开始；演奏敔，表示音乐停止。据清代文献记载，金漆彩画柷作为一种具有特殊音色的打击乐器，主要用于清宫各种坛庙祭祀及殿陛朝会时的中和韶乐之中。无论其乐队编制规模大小，柷的数量仅为一件，且方位固定，列于乐队的东侧，表明了乐器柷在音乐演奏中的作用与地位。希望大家能来故宫博物院一睹我的真容，没准还能听到我演奏时的声音呢。

辉煌的音乐文化

我是敔，你也可以叫我"圉（yǔ）"。我由木料做成，身形如一只可爱的小老虎，背上还长着二十七个锯齿，乐师用木尺划锯齿就可以发出美妙的声音，在宫廷雅乐演奏中，我的搭档柷会和我一起掌控音乐的起止。我和柷都是先秦雅颂之乐中应用较久的木制乐器，从西周起就已经是堂上乐器了。雅乐"始于柷，终于敔"，意思是：敲击柷，表示合乐开始；演奏敔，表示音乐停止。合乐和收乐都由我们说了算。

我出生在清朝，现在住在故宫博物院，形状如卧虎，全身涂黄漆，背上绘有黑色斑纹，两只耳朵直立，脖子上仰，眼睛炯炯有神地看着前方，还有红色的嘴巴和锋利的牙齿。我背上的27个纵列木片，即所谓"龃龉（jǔ yǔ）"（或称"钼铻"），它们被安置在我背上的槽内并染成靛蓝、绿、红、白等多种漂亮的颜色。奏乐的时候，由站在我侧面的专职乐工双手持"籈（zhēn）"——一种以劈成细茎的竹制成的工具，扫龃龉三响，表示这段音乐的终止，也可扫除前曲在听众及演奏者耳中的余音，以便再次作乐和聆听。

周代，是我国音乐史上的一个高峰。其乐队规模之宏大，编制之齐全，乐器色彩之丰富，制作之精良，就连生活在今天的人，也不禁叹为观止。周代的乐器，见于记载的有70余种。当时是按制作材料的不同加以分类，木制乐器则是其重要组成部分。祖先留给我们的木制乐器还有很多，例如硬木、色木、铁梨木、花梨木做的琵琶；桐木、杉木做的古琴；红木、楠木、檀木做的古筝；橙木做的木鱼、快板以及杉木做的侗族乐器牛腿琴等。乐器的发达，源于音乐的发达。中国古代的音乐文化，犹如一座无比辉煌、宏伟的宝库，其历史之悠久、内容之丰富，在世界上是罕见的。今天，当我们看到这些乐器时，请不要忘记先祖给我们留下的珍贵音乐文化遗产。

以声传情，以歌养心

牛腿琴是侗族弓拉弦鸣乐器，因琴体细长形似牛大腿而得名。当地人称"郭各""郭各侬斯"等，是侗语"两条空弦发音"之谐音，又称"彦巴森"。此琴历史悠久，规格多样，音色柔细，主要用于侗族民歌和侗戏伴奏。流行于黔、桂、湘三省区接壤的广大侗族地区。

传统的牛腿琴，琴体用一整段木料制成，多使用当地所产杉木、桐木、松木、椿木、杨木或杂木制作，通常以纹理顺直、无疤节的杉木为最佳选材。其共鸣箱是在半边原木的一端挖凿出的长瓢形腹腔，上面蒙以桐木薄板为面，琴背呈船底形。弓子则用细竹和棕毛或马尾毛制成，形如二胡琴弓。高音区明亮而稍带嘶声，低、中音区则柔和优美，发声时像鼻音，演奏起来优雅悦耳，别有一番情趣。

关于牛腿琴还有一个古老的传说。相传在很早以前，在黔东南的一个侗族山寨里，住着穷、富两家人。富人依仗财势经常放狗去咬穷人，穷人也不甘示弱，奋起

反抗，将狗打死了，从此两家仇恨日深。一次，穷人家的牛见主人被欺负，冲上去相助，富人见势不妙，也放出自己的牛来。此后，人与人打，牛同牛斗，闹得整个山寨不得安宁。有个神仙下凡来调解，送给每人一只芦笙，让他们吹着走乡串寨，忘记争斗。而牛却不听召唤，越斗越凶。神仙担心牛的角斗再挑起人的旧仇，情急之下便把两头牛的后腿给砍断了。两头牛再也无法争斗，矛盾虽然得到解决，可穷人却永远失去了耕牛，他伤心地抱着牛腿痛哭不已。等到牛腿腐烂了，他就做了一个木头的牛腿，抱着它一边抚摸，一边诉说自己的苦衷。后来，就逐渐形成了在民间流传的牛腿琴和牛腿琴歌。

在湘黔桂侗族地区流传着"饭养身、歌养心"这样一句话。在侗寨，人人都会唱、爱唱侗族大歌。牛腿琴作为侗族民间传统器乐代表，在侗歌中的应用主要体现在演奏牛腿琴歌。在侗族人民的文化生活中，牛腿琴是不可或缺的存在。它是牛腿琴歌、侗族大歌和叙事歌离不开的伴奏乐器，是侗族未婚男女青年"行歌坐月"、倾吐爱情的一种主要方式。

少数民族有意思的乐器还有许多哦，有空去中国乐器博物馆一探究竟吧。

悠扬的民族旋律

葫芦丝，又称"葫芦箫"，傣语称"筚（bì）郎叨"（"筚"为傣语吹管乐器的泛称。"郎"为直吹之意，"叨"即葫芦）。葫芦丝的音色柔润而纤秀，给人以含蓄、朦胧的美感。它吹出的颤音有如抖动丝绸那样飘逸轻柔，所以通称"葫芦丝"。葫芦丝是生活在中国西南部的傣族、阿昌族、佤族等少数民族最喜欢、最常用的乐器之一。它的渊源可以追溯到先秦时期，今天的葫芦丝在构造上仍然保持着古代同类乐器的一些特点。

傣族人民多才多艺，能歌善舞。在节日里，不论是在江中划龙舟、在江边放"高升"（用竹筒制作的土火箭）、在广场上"赶摆"还是在竹楼里饮酒欢宴时，都可以听到动人的歌声。葫芦丝是很有特色的乐器，形状和构造别具一格。它由一个完整的葫芦、三根竹管和三枚金属簧片组成，通体长约30厘米。在葫芦的柄端，插一竹管为吹口，整个葫芦当作气箱，葫芦底部插进三根粗细不同的竹管，每根竹管插入葫芦中的部分，镶有一枚铜质或银质簧片。中间的主管最粗，上面开有七个音孔，可以吹出旋律，两旁的副管只能发出与主管共鸣的和音。

相传上古时代有一头凶兽，经常下山来吃人和牲畜。一位名叫阿泰的傣族英雄历经千辛万苦，到了女娲娘娘的宫殿，请求她的帮助。女娲娘娘被阿泰的诚心感动，赐予他一只葫芦，可以收取妖魔鬼怪。阿泰回到了自己的家乡，等凶兽出现之时，用葫芦将凶兽收取。但凶兽依然在葫芦里乱撞，于是阿泰将一根竹子插在了葫芦的底部，凶兽终于在里面安静了下来，再也没有出来作怪。后来为了纪念阿泰的事迹，大家仿照这葫芦和竹子做出了葫芦丝，将其作为乐器保留了下来。

　　葫芦丝有许多经典又广为流传的曲子，例如《月光下的凤尾竹》《美丽的金孔雀》《欢乐傣乡》等。葫芦丝的音色非常优美动听，似乎能够将人带入孔雀翩翩起舞的情境中去。

本书作者

傅丹婷　彭　腾　张宝玲　庾　华　孙　晨
石　睿　彭智臻　邓皓凡　周保荣　买嘉欣
杨　丫　刘雨念　谭　涵　于红鹏　王琦仙
张　玲　危尉华　宋灿云　邱双慧　赵晓涵